Nadine Olonetzky

INSPIRATIONEN

EINE ZEITREISE DURCH DIE GARTENGESCHICHTE

Birkhäuser
Basel

Dieses Buch ist der Amsel gewidmet, die im Frühling 2017 den Olivenbaum auf unserem Balkon wählte, um ihr Nest zu bauen. Sie brütete vier Eier aus und zog die Jungen zusammen mit ihrem Amselmann auf.

VON GÄRTEN

Am Anfang war es das Grün: Ohne Büsche, Bäume und Blumenblätter könnten wir nicht atmen, nicht leben. Sie zu einem Garten zu komponieren, lässt sie jedoch über ihren reinen Nutzen hinauswachsen. In Gärten finden Natur, Mensch und Kunst zusammen. Nicht Wildnis, sondern Paradies – das ist die Idee der Gärten.

Inspirationen – Eine Zeitreise durch die Gartengeschichte erzählt die Entwicklung der Gärten von ihrem mutmaßlichen Beginn in Mesopotamien bis heute. In chronologisch geordneten und mit Stichworten versehenen Abschnitten geht es – mit einem Schwerpunkt auf Mitteleuropa – um die bedeutendsten Stile, Strömungen und Menschen in der Gartenkunst. Dass Sehnsüchte und Weltanschauungen neue Gärten entstehen lassen und dass Gärten zu Kunstwerken inspirieren, soll diese Zeitreise auch vor Augen führen.

Jeder Garten spricht alle Sinne an: Vögel zwitschern im Frühjahr, fliegen geschäftig von Busch zu Baum. An Sommervormittagen duftet der frisch gemähte Rasen, im Herbst das Fallobst. Himbeeren direkt von der Staude zu essen, bleibt unvergesslich, die Farben der selbst gezogenen Karotten und Blumen leuchten direkt ins Herz. Und im Winter, wenn es schneit, ist alles in Weiß gehüllt und still, die Pflanzen ruhen aus und sammeln Kraft für den Neuanfang.

Auch wenn die berühmten und stilbildenden Gärten oft durch großen Reichtum möglich wurden, sind schöne

Gärten kein Privileg der Wohlhabenden. Ob Schrebergarten, Landschaftspark oder Volkspark, ob Bauerngarten, Balkon- oder Gemeinschaftsgarten in der Großstadt – kleine und große Gärten durchwirken die gebaute Landschaft. Vielleicht sind sie heute noch bedeutsamer als in ihrer bisherigen Geschichte: In Zeiten verdichteten Bauens holen wir in Gärten Luft – in einem umfassenden Sinn –, und für viele Tiere sind sie Lebensraum und Nahrungsquelle. Warum aber schmecken Himbeeren nach Himbeeren? Woher holen Beeren, Früchte, Gemüse und Kräuter ihren Geschmack, wenn nicht aus der Gartenerde, die ein ganzes Universum an Leben enthält, und aus der Luft, dem Regen, dem Sonnenlicht und der Hitze?

Wer einen Garten anlegt, verwirklicht sein eigenes Paradies. Die buchstäbliche Verwurzelung von Büschen, Bäumen und Blumen im Garten und die Wiederkehr der Jahreszeiten vermitteln uns ein Gefühl von Beständigkeit und Halt. Gärten lehren uns, im Augenblick zu leben, mit all unseren Sinnen die Umgebung wahrzunehmen und uns auf Wesentliches zu besinnen. Nicht allein Zweck und Arbeit, sondern Lust und Kontemplation: Als imaginierte Glücksorte haben Gärten utopische Kraft. Sowohl die prächtigen historischen Gärten als auch die kleinen idealistisch gehegten Gartenparadiese schenken unseren Lebensorten Zauber und Poesie. Ideen begründen Gärten. In Gärten wachsen Ideen.

Nadine Olonetzky

Das Paradies ist ein Garten: Lucas Cranach der Ältere,
Das Goldene Zeitalter, um 1530 →

PARADIES, vom awestischen/altpersischen «pairí-daeza», was aus «rundherum» und «Mauer» zusammengesetzt ist. Weltweit verbreitete Vorstellung von einem Ort der Ruhe und des Friedens, wo es dem Menschen an nichts mangelt. Nach Genesis 2,8–13 ist das Paradies die Urwohnung des Menschen. Seit der Hochkultur im antiken Mesopotamien als fruchtbarer Garten mit dem Baum des Lebens, dem Baum der Erkenntnis, dem Lebensbrunnen sowie den Paradiesflüssen Phison, Geon, Tigris und Euphrat umgesetzt.

GARTEN, vom althochdeutschen «garto», daneben «gards» für «Hof», «Haus», «Familie»; Englisch «yards». Stammt vom indogermanischen «ghorto-s»: «Flechtwerk», «Zaun», «Eingehegtes». Der Garten ist das umfriedete Grundstück in der Nähe des Hauses. Ein Garten ist ein Garten, weil er durch einen Zaun von der Wildnis geschützt ist.

PARK, vom mittellateinischen «parricus»: «Gehege», eingezäuntes Jagdgebiet oder Waldstück. Eine große, teilweise bewaldete Gartenanlage, bei Städten heute auch Grüngürtel. Neben Schloss- und Kurpark, Tier-, Volks- und Stadtpark wird das Wort auch für gartenfremde Anlagen verwendet: Techno-, Multimedia- und Einkaufspark.

CHRONIK DER GARTENKUNST

UM 10 000 v. CHR.: DOMESTIZIERUNG Im bogenförmigen Gebiet im Norden der Arabischen Halbinsel, dem sogenannten «Fruchtbaren Halbmond», domestizieren die Menschen erstmals Tiere und Pflanzen – zumindest während ihrer saisonalen Sesshaftigkeit im Gebiet des Euphrat. Von Gärten im eigentlichen Sinn kann man noch nicht sprechen. Gartenbau oder *Hortikultur* wird in einem umfriedeten Stück Land betrieben, Landwirtschaft auf Feldern in der freien Landschaft.

UM 4000 v. CHR.: GARTEN EDEN Die Steppen und Wüstengebiete Mesopotamiens werden zur Wiege der Gartenkultur: Die Glut der Sonne und die trockene, felsige Landschaft lassen die Menschen von Schatten spendenden Bäumen, kühlenden Brunnen, Blumen und saftigen Früchten träumen. Die Sumerer beginnen, das «Land zwischen den Strömen» Euphrat und Tigris künstlich zu bewässern und eingehegte Jagdparks und Dattelpalmgärten anzulegen. Die Domestizierung von Wildpflanzen und der Import ortsfremder Pflanzen und Tiere sind revolutionär. Das sumerische «edin» bedeutet «fruchtbares oder bewässerungsfähiges Land». Bei der Niederschrift der Genesis (um 10. bis 6. Jh. v. Chr.) wird der *Garten Eden* nicht nur in der Gegend des Zweistromlands situiert; die jüdische Zeitrechnung beginnt mit der Erschaffung der Welt im Jahr 3761 v. Chr. auch in der Zeit, in der die Sumerer Mesopotamien fruchtbar machen. Das hebräische «gan eden» bedeutet «Garten des Wohlergehens und der Freude». Das hebräische «pardes» hat dieselbe Wurzel wie das altpersische «pairí-daeza» – «Paradies». PaRDeS steht als Akronym für die klassische Auslegung des Tanachs (der Tora und anderer jüdischer Schriften): Jeder Buchstabe bedeutet eine Interpretationsebene. Der Tanach wiederum findet als Altes Testament Eingang in die christliche Bibel. Alle drei monotheistischen Weltreligionen werden künftig das Bild der idealen Welt mit einem Garten verbinden.

AB 4000 v. CHR.: NUTZEN UND LUST I Die auf Papyrusrollen und den Wandmalereien der Totenkammern ägyptischer Würdenträger dargestellten Gärten beweisen eine hohe Gartenkultur in der Zeit des Alten Reichs. Im Niltal, Nildelta und im Faijum-Becken werden

Grabgärten um Pyramiden, Gärten in Tempelbezirken sowie Lust- und Gemüsegärten angelegt. Aufgrund der Bewässerungsmethoden sind sie rechteckig, wegen der Überflutungsgefahr durch den Nil ummauert, teilweise terrassiert angelegt und mit regelmäßig und raumgliedernd angepflanzten Bäumen versehen. Im Zentrum gibt es häufig einen (Fisch-)Teich, an dessen Rändern Blumen wachsen, und eine Pergola mit Weintrauben.

Der Garten deckt einerseits existenzielle Bedürfnisse, indem er Nahrungsmittel liefert, und verschafft andererseits den begüterten Schichten Sozialprestige und Beglückung bis ins Jenseits: «Du lustwandelst nach Belieben an dem schönen Ufer deines Teiches; dein Herz erfreut sich an deinen Bäumen und erfrischt sich unter deinen Sykomoren; dein Herz ist zufrieden mit dem Wasser deines Brunnens, den du gemacht hast, damit er dauert ewiglich und für immer», wie es in einer Grabinschrift heißt.

Die Gärten sind zudem mit religiösen Vorstellungen verknüpft. Verschiedene Gottheiten sind Garanten für Fruchtbarkeit und Erneuerung und haben ihren Sitz im Garten, so etwa Hathor, die Göttin der Freude, der Liebe, des Tanzes und der Musik, die auch als Baumgöttin verehrt wird.

Gemüsegärten sind in mehreren quadratischen Parzellen mit kleinen Erdwällen von rund 40 Zentimetern Seitenlänge angelegt. Dass diese Gestaltungsart auch auf großen Flächen eingehalten wird, zeigt etwa der Wirtschaftsgarten, dessen Reste man südlich der Stadt Tell el-Amarna gefunden hat. Obwohl vermutlich verschiedenste Gemüse- und Getreidesorten angebaut werden, zeigen Bilder vor allem den Anbau von Zwiebel und Lattich sowie umfriedete Obstgärten mit regelmäßig angepflanzten Dattel- und Dumpalmen, Sykomoren, Feigen, Weintrauben und Granatapfelbäumen.

2400 v. CHR.: INSPIRATION I Im *Gilgamesch-Epos,* auf babylonischen Tafeln in Bruchstücken erhalten, wird der Garten als paradiesischer Ort geschildert, der die Bewohner der Wüste mit Schatten, Wasser, Früchten und wohltuenden Düften versorgt.

UM 2000 v. CHR.: HARTE GARTENARBEIT Der während der frühen 12. Dynastie (Mittleres Reich) verfasste Bericht *Lebenslehre des Cheti* beschreibt ausführlich, wie aufreibend die Gartenarbeit in der prallen Sonne sein kann: «Der Gärtner trägt das Joch; seine Schultern sind wie vom Alter gebeugt. Er hat so viele Geschwüre auf seinem Nacken, dass dieser einer eitrigen Wunde gleicht. Des Morgens begießt er das Gemüse und am Abend die Schat-Pflanzen, wobei er den ganzen Tag im Obstgarten verbringt. Dann fällt er todmüde um, und das gilt für ihn mehr als in jedem anderen Beruf.» Unter der strengen Herrschaft eines Vorarbeiters muss der Gärtner den ganzen Tag schuften, und mit Ausnahme des Verwalters und natürlich des Besitzers, die Ansehen genießen, sollen die Arbeiter mitunter auch noch dem Spott ausgesetzt gewesen sein. So ist in einer Darstellung aus Deir al-Medineh ein Affe zu sehen, der mit Wasserkrügen, die am Schulterjoch hängen, Blumenbeete begießt. Als Wasserschöpfgerät dient das Schaduf, eine über einer Stütze balancierende Stange, die mit einem Wassereimer und einem Gegengewicht versehen ist. Auch Gartenwerkzeuge wie Hacken oder Sicheln sind auf Wandmalereien dargestellt.

AB 1600 v.CHR.: GRABGARTEN I Die Gräber reicher ägyptischer Privatleute werden mit Gartenbildern ausgestattet. Ob sie die realen Gärten der Besitzer oder viel eher symbolische, religiös bedeutsame Gartenlandschaften zeigen, ist umstritten. Der Gartenbau hat jedenfalls auch religiöse Bedeutung, und die Pflanzen sind mit Göttern verbunden: die Dattelpalme etwa mit dem Sonnengott Re, die Maulbeerfeige mit Hathor, die Tamariske mit Osiris, dem Gott der Toten und der Wiedergeburt. Im Grabgemälde eines Schreibers der Kornkammern tritt Hathor hinter einem Baum hervor und bringt Vorräte für den Verstorbenen.

UM 1450 v.CHR.: IMPORT I Die ägyptische Königin Hatschepsut (um 1490–1468 v.Chr.) lässt ausländische Pflanzen einführen, was ihr Nachfolger, Thutmosis III. (um 1486–1425 v.Chr.), weiterführt. Das älteste bekannte «Pflanzenbuch» sind die Wandreliefs im Amuntempel von Karnak in Ägypten, welche die von Thutmosis eingeführten Pflanzen der Nachwelt überliefern. Blumen werden für Sträuße, Opferrituale, Einbalsamierungen und medizinische Zwecke gezogen. Die blau blühende Seerose ragt in ihrer Bedeutung als heilige Blume heraus, dazu auch der

Gartenarbeit: Wandmalerei aus dem Grab des Sennedjem, der einen rechteckigen Garten mit Dattel- und Dumpalmen, Sykomoren und Wasserkanälen zeigt. Aus der am Nil gelegenen, altägyptischen Stadt Theben, um 1290 v.Chr.

weiß blühende ägyptische Lotus. Er gilt als Symbol der Wiedergeburt, da er im Winter abstirbt und im Frühling neu wächst. Im Frühsommer verwandeln sich die Teiche in den Tempel- und Palastgärten in einen blau-weißen Blütenteppich.

1425 v. CHR.: GRABGARTEN II Ein Grabgemälde zeigt den ummauerten Garten des Amuntempels in Ägypten. Neben einem Kanal angelegt, besitzt der Garten vier Teiche. Die Bäume, Pflanzen und das Gebäude sind symmetrisch angeordnet. Dieser formale Rhythmus und die rechtwinklige Form haben einen entscheidenden Einfluss auf alle zukünftigen Gartengrundrisse beziehungsweise es scheint den Menschen damals wie später eine naheliegende, praktische und schöne Aufteilung und Form für einen Garten zu sein.

UM 1000 v. CHR.: JAGDPARK Der Assyrerkönig Tiglatpilesar I. (um 1115–1077 v. Chr.) lässt am Oberlauf des Tigris gewaltige Jagdparks anlegen. Man hält darin Wildtiere, kultiviert aber auch ausländische Pflanzen. Diese Parks gelten als größte Zierde des Landes und werden in kriegerischen Auseinandersetzungen bevorzugtes Ziel von Verwüstungen. Sie sind die frühen Vorläufer der mittelalterlichen Jagdparks und der Menagerien wie der *Königlichen Menagerie* im Tower of London, die 1235 unter Henry III. (1207–1272) gebaut wird. Die mittelalterlichen Jagdparks bilden wiederum die Ausgangslage für die Landschaftsparks des 19. Jahrhunderts und deren Weiterentwicklung zu den heutigen städtischen Parkanlagen. Im Gebiet des heutigen China werden um 1000 v. Chr. ebenfalls erste Jagdparks angelegt, und auch sie markieren den Anfang der Gartengeschichte in Asien. | 1859: KULTURTRANSFER VI, CHINOISERIE UND JAPONERIE

AB 850 v. CHR.: HEILIGER HAIN Der griechische Dichter Homer schildert Gartenheiligtümer, die den Göttern Apollon, Athene und Aphrodite geweiht sind, idyllische heilige Haine, Wiesen und Bäche. Die Hitze und Trockenheit Griechenlands lässt wiederum Mythen um Wasserstellen und grüne, schattige Orte entstehen: Die Nymphe Kalypso aus dem 5. Gesang von Homers Epos *Odyssee* lebt in einer von Pappeln, Zypressen und Erlen umstandenen Höhle: «Dort auch rankte sich um die gewölbte Grotte ein Weinstock, / Jugendlich frisch, mit prangendem

Laub und strotzend von Trauben. / Und vier Quellen sprudelten dort mit schimmerndem Wasser / Nebeneinander hervor und rannen dann hierhin und dorthin. / Ringsum blühten da üppige Wiesen mit Veilchen und Eppich. / Ja, das würde auch ein Unsterblicher, käm er des Weges, / Voller Staunen betrachten und Freude empfinden im Herzen.» Homer beschreibt damit den Prototyp der im Barockgarten und im Landschaftspark des 19. Jahrhunderts verwirklichten Grotten und Nymphäen.

Doch wenn man einmal absieht von Nutzgärten im Umland von Siedlungen, den heiligen Hainen und den Baumpflanzungen um Gymnasien, Tempel- und Theateranlagen mit Schwarzpappeln, Zypressen und den aus Nordpersien stammenden Platanen, hat die Archäologie keine Gärten in Griechenland nachgewiesen. Die Griechen ziehen allerdings bereits in minoischer Zeit (3000–1200 v.Chr.) Pflanzen in Töpfen – vermutlich Lorbeer, Granatapfelbäume oder Myrtenbüsche, und es gibt (Pacht-)Urkunden, die Gärten erwähnen. Auf großes Interesse stößt auch die Ästhetik und Botanik der reichen Flora Griechenlands: Die rund 6000 Blütenpflanzen und Farne liefern Heilpflanzen, Motive für Malerei, Keramik und Bildhauerei und bereichern später die Gärten im Norden Europas. Das Wort «Botanik» leitet sich vom griechischen Wort «botane» ab, das zu Homers Zeiten «Weideland für Rinder» und «Unkraut, Kraut» bedeutet.

NACH 750 v.CHR.: LANDSCHAFTSPARK I König Sargon II., assyrischer Herrscher von 722 bis 704 v.Chr., gestaltet als einer der Ersten eine Landschaft um: In Chorsabad im heutigen Nordirak verwandelt er durch große Erdbewegungen die gegebene Natur in eine künstlich gestaltete Landschaft mit aufgeschütteten Aussichtshügeln und Terrassengärten. Sein Sohn, König Sanherib (um 740–681 v.Chr.), verlegt seinen Wohnsitz und gestaltet nordöstlich von Ninive am Ostufer des Tigris einen Garten, der durch ein ausgeklügeltes Bewässerungssystem aus – auch unterirdisch – geführten Kanälen, sogenannten *Kanats,* Auffang- und Staubecken und sogar durch ein Aquädukt von 275 Metern Länge mit Wasser versorgt wird. Es ist ein Landschaftspark mit Zypressen, Zedern, Palmen, Baumwollsträuchern, Reben, Olivenbäumen und gewundenen Pfaden, auf denen man lustwandeln kann.

Bewässerungssystem mittels *Kanats* sind bis heute in Gebrauch: Bananenplantage auf der Insel Santiago, Kapverden

UM 600 v. CHR.: GÖTTIN DES GARTENBAUS Die griechische Dichterin Sappho (um 612 bis nach 590 v. Chr.) beschreibt einen heiligen Hain der Aphrodite, in dem Apfelbäume und Wiesenblumen wachsen und eine Quelle sprudelt: «... Drinnen Wasser, kühles Gerausch durch Apfelzweige, und die Rosen allerorten schattenreich, von zitternden Blättern kommt der Schlummer hernieder. (...) blühend frühlingsbunte Blumen, verweht in Winden honigsüße Düfte.» Aphrodite ist die mit Blumen assoziierte Göttin des Gartenbaus, ihr Sohn Eros wird auf einem Wassergefäß (Hydria), das heute im Archäologischen Nationalmuseum in Athen zu sehen ist, als Gärtner dargestellt.

NACH 600 v. CHR.: HÄNGENDE GÄRTEN I Der babylonische König Nebukadnezar II. (605–562 v. Chr.) lässt für seine Gattin Amytis, die sich als medische Königstochter in der sumerischen Hauptstadt Babylon nach den grünen Bergen ihrer Heimat sehnt, die berühmtesten Terrassengärten, die *Hängenden Gärten von Babylon,* anlegen. Sie sind auch unter dem Namen *Hängende Gärten der Semiramis* bekannt, obwohl die Prinzessin Semiramis vermutlich im 9. Jahrhundert v. Chr. gelebt hat. Die Gärten werden noch Jahrhunderte später als eines der sieben Weltwunder beschrieben. Ausgrabungen haben zwar ihren definitiven Standort nicht belegen können, doch es gibt Beschreibungen, etwa des chaldäischen Priesters Berosos (um 260 v. Chr.) oder der Historiker Diodor von Sizilien (um 90–21 v. Chr.) und Strabo (63 v. Chr. bis 28 n. Chr.): Ein ummauerter Unterbau mit Gewölben und einer Seitenlänge von 120 Metern trägt die Terrassen. Die Terrassenböden bestehen aus einem Verband aus Pflastersteinen, mit Bitumen überzogenem Schilf und mit Gips verfugten Ziegelsteinen, die durch eine Verkleidung mit einer dünnen Bleischicht wasserdicht gemacht sind. Diese Konstruktion ist mit einer Erdschicht bedeckt, die ausreicht, dass Bäume darin wurzeln können. Um den Wasserbedarf zu decken, soll ein durchgehend hohler Pfeiler existiert haben, der mit einer Schraubenwinde Wasser des Euphrat bis auf die oberste Terrasse transportiert hat, das von dort aus über ein Bewässerungssystem nach unten verteilt worden ist. Palmen, Pflaumen-, Kirsch-, Birn-, Mandel- und Aprikosenbäume, Wein, verschiedene Kletterpflanzen und Blumen mögen diese Treppenkonstruktion in eine Art grünen Berg verwandelt haben, auf dem Amytis spazieren

Weltwunder: Die legendären *Hängenden Gärten von Babylon*.
Kolorierter Holzstich nach einer Zeichnung von Ferdinand Knab, 1886

und sich über ihr Heimweh trösten konnte. Obwohl die *Hängenden Gärten von Babylon* vielleicht nur ein Traum sind, der von Autoren in die Welt gesetzt worden ist: Die Gartenanlagen, welche die Babylonier geschaffen haben, zeigen ihre Meisterschaft in der Umgestaltung der Natur.

539 v. CHR.: KULTURTRANSFER I Die Perser erobern Mesopotamien und übernehmen auch die Gartenkultur der Babylonier und der Assyrer.

500 BIS 336 v. CHR.: VOLKSPARK I Der athenische Politiker Kimon (510–449 v. Chr.) lässt auf der Agora von Athen Schatten spendende Platanen und im Hain der Akademie am Stadtrand Ulmen, Pappeln, Olivenbäume und Platanen anpflanzen. Städte wie Athen sind äußerst dicht gebaut, für Gärten gibt es keinen Platz und zu wenig Wasser, und auch die Innenhöfe werden als Freiluftarbeitsräume – kochen, waschen, Ziegen halten – genutzt. Am Stadtrand und in ländlichen Gebieten gibt es Nutzgärten, wo Kürbis, Salat, Zwiebel, Minze, Myrte, Feige oder Obst angebaut werden. Darüber hinaus gibt es einen großen Bedarf an Blumen für kultische Rituale: Wildblumen werden gesammelt und Rosen, Veilchen, Myrten, Lilien und Hyazinthen gezüchtet.

Als «Adonisgärtchen» werden die Topfgärten für die von Frauen zelebrierte Adonisfeier bezeichnet. Leicht keimende Samen oder Setzlinge werden dabei in Töpfe gesteckt und auf die Hausdächer gestellt; später dienen die Pflanzen beim Adonisfest als Symbol für Adonis' schnelles Aufblühen und frühes Sterben. Ungegossen welken sie wieder, was seinen Tod symbolisiert. Adonis, Sinnbild für Schönheit und Vegetation, ist Aphrodites Geliebter, und als er von Ares, dem Gott des Massakers und Krieges, getötet wird, verwandelt sich jede Träne Aphrodites in ein Adonisröschen. Der Name bezieht sich nicht auf die gelben, sondern die blutroten Adonisröschen; es gibt rund 35 Arten, die in Europa und Asien in kühleren Regionen beheimatet sind.

UM 400 v. CHR.: PARADIES Der griechische Historiker Xenophon (430 bis um 354 v. Chr.) beschreibt den Garten Kyros des Großen (601–530 v. Chr.) in Pasargadae im heutigen Iran, der zum Unesco-

Weltkulturerbe gehört. Der Garten ist durch Wasserläufe und ein zentrales Becken in vier Teile geteilt, was einer symbolhaften Umsetzung der Vorstellung von den vier Paradiesflüssen entspricht, später in den islamischen Gärten, dann in den mittelalterlichen Klostergärten und bis heute mit den kreuzartig angelegten Wegen in vielen Bauerngärten als gestalterisches Grundmuster wiederkehrt. Unter Kyros dem Großen wird die Wasserversorgung mittels *Kanats* weiterentwickelt. Xenophon nennt die Anlage «paradeisos». Zu den *paradeisoi* in Persien zählen nicht nur solche Lustgärten, sondern auch Jagdparks und Obstplantagen.

Auch Aristoteles (384–322 v. Chr.) beschäftigt sich mit Pflanzen: Sein Augenmerk liegt rund ein Jahrhundert nach Hippokrates' Erforschung der Pflanzen für medizinische Zwecke auch auf ihren ernährungspraktischen Qualitäten.

NACH 400 v. CHR.: KÜCHENGARTEN Weder der zentrale Innenhof des griechischen noch das Atrium des römischen Hauses werden anfangs als Gärten gestaltet. Vielmehr liegt der Küchengarten der Römer hinter dem Haus, was etwa Ausgrabungen im längst verlassenen Ort Cosa in der italienischen Maremma zeigen.

334 v. CHR.: KULTURTRANSFER II Der makedonische König Alexander der Große (356–323 v. Chr.) besiegt den persischen König Dareios III. (um 380–330 v. Chr.) und nimmt dessen Paläste in Babylon, Susa und Persepolis in Besitz. Sein Heer stößt auch auf große Gärten und bringt Pflanzen ins Gebiet des antiken Griechenland mit, die Aristoteles und sein Schüler Theophrast untersuchen.

UM 300 v. CHR.: PHILOSOPHENGÄRTEN Der griechische Philosoph Epikur (341–270 v. Chr.) besitzt wie Platon, Aristoteles und Theophrast einen Philosophengarten, wo er auch Gemüse anbaut. Sein Denken ist dem Diesseits und der Sphäre der Sinne zugewandt. Mit Freude soll man die Angebote der Natur annehmen, sich aber auch mit ihnen zufriedengeben. Diese Bejahung der wirklichen Bedingungen, die man auch angesichts von Schmerz und Vergänglichkeit nicht aufgeben soll, mag durch seine Gartenarbeit inspiriert gewesen sein. Die Schüler von Platon und Aristoteles gehen derweil als «Peripatetiker», als Herumgeher, in die Geschichte ein, weil sie auf den Pfaden rund um die Akademie und das Lykeion und im Schatten der Bäume philosophierend herumwandeln: Im Athener *Akademos-Park* diskutierend zu gehen, soll sich kreativ auf die Gedanken auswirken. Theophrast (372–287 v.Chr.), der Nachfolger Aristoteles' als Leiter der Philosophenschule in Athen, schafft mit seinen Werken *Über die Ursache des Pflanzenwuchses* und *Naturgeschichte der Gewächse* die Grundlage der heutigen Botanik. Er beschreibt rund 450 Nutzpflanzen und Blumen wie Rosen – das Wort «Rose» ist übrigens von «Rhodos» abgeleitet, wo Rosen gezüchtet werden –, Nelken, Majoran, Lilien oder Pfefferminze.

NACH 300 v.CHR.: GRABGARTEN III Die Sitte, Gräber mit Bäumen zu umgeben, breitet sich in Kleinasien und Ägypten weiter aus. In Alexandria kann man zudem vor den Stadtmauern für fünf Jahre einen Gräbergarten pachten und darin Salat, Kohl, Spargeln, Lauch, Melonen, Feigen, Weintrauben und Datteln ziehen, also eine Art Schrebergarten anlegen.

UM 250 v.CHR.: SCHWIMMENDER GARTEN I Hieron II. (270–215 v.Chr.), auch Tyrann von Syrakus genannt, soll auf einem seiner Schiffe einen üppigen Garten angelegt haben: Über versteckt verlegte Bleirohre wird der Garten bewässert; die Pflanzen wachsen in Körben, die mit Erde gefüllt sind. Heute gibt es *schwimmende Gärten* etwa auf dem Inle-See in Myanmar. Die Menschen leben in Pfahlbauten und bauen auf dem See Gemüse und Früchte an. Diese gedeihen in einer fruchtbaren Masse aus sumpfiger Erde, die, zusammengehalten durch ein Geflecht aus Wasserhyazinthen, mit Bambuspfählen am Seegrund verankert ist. Die Gärten werden von Booten aus bestellt.

AB 200 v.CHR.: PERISTYLGARTEN UND ARKADIEN I Auf der wasserarmen Insel Delos werden Villen mit von Säulengängen umgebenen Innenhöfen gebaut, in denen das Regenwasser in Becken gesammelt wird. Ob sie bepflanzt sind und damit die römischen *Peristylgärten* vorwegnehmen oder gerade eben nicht, wird je nach Quelle anders beschrieben. Der *Peristylgarten* gewinnt im Lauf des 2. und 1. Jahrhunderts v.Chr. jedenfalls zunehmend an Bedeutung, wobei die Römer hellenistische und ägyptische Einflüsse aufnehmen, die Idee aber, im säulengestützten, zentral gelegenen Hof, dem Peristyl, einen Garten anzulegen, wohl selber entwickeln.

Arkadien, die gebirgige Landschaft des Peloponnes in Griechenland, verödet durch Wald- und Landwirtschaft, ist also alles andere als eine Gartenlandschaft. Erst im 17. Jahrhundert – Nicolas Poussins 1640 bis 1645 entstandenes Gemälde *Et in Arcadia ego* bildet einen Höhepunkt wird diese Landschaft der Schauplatz ländlichen (Schäfer-)Lebens und das Synonym für die idyllische Sehnsuchtslandschaft schlechthin. Die Worte «Arkadien», «Paradies» und «Elysion» – in der griechischen Mythologie «paradiesisches Land der Seligen», in dem ewiger Frühling herrscht – werden in der Antikenverehrung des 17. Jahrhunderts oft synonym gebraucht. Der Schweizer Dichter, Maler und Mitbegründer der *Neuen Zürcher Zeitung,* Salomon Gessner (1730–1788), erträumt sich beispielsweise in seinen *Idyllen* (1756) ein Landhaus im Schatten von Nussbäumen und einen Garten mit Brunnen und Beeten, in denen schmackhafte Gemüse wachsen. Es ist ein Garten, wo er fern der beklagten Hektik der Stadt zur Ruhe kommen kann. Gessner formuliert damit eine Sehnsucht, die im 20. Jahrhundert im Eigenheim mit Garten so oft verwirklicht wird, dass die Zersiedelung der Landschaft zum ernsten Problem wird.

NACH CHRISTUS: PFLANZENKUNDE Der griechische Arzt Pedanios Dioskurides (um 40–90) aus Anazarbos in der heutigen Türkei verfasst die wichtigste Arzneipflanzenkunde der Antike, die rund 500 Pflanzen zählende *Materia medica,* die später ins Arabische übersetzt wird und Botaniker noch bis ins 18. Jahrhundert studieren werden. Er gilt damit als Wegbereiter der Pharmakologie.

60 BIS 65: GARTENTIPPS I Der römische Landedelmann Lucius Moderatus Columella (? bis um 70) schreibt ein zwölfbändiges Werk über die Anlegung eines Gartens, über die Wasserversorgung, die geeigneten Pflanzen und ihre Kultivierung. Er erwähnt das Beschneiden von Reben und Hecken, die Zeit für die Aussaat von Lorbeer, Myrte und anderen immergrünen Pflanzen, Frostschutzmethoden mittels flacher Rohrgeflechte, die mit Stroh und Reisig gefüllt werden sollen, und er

Heilmittelkunde: Illustration zu Pedanios Dioskurides' *Materia medica.* Illuminierte islamische Handschrift, 11. Jahrhundert

diskutiert verschiedene Sorten Dünger wie Asche, Holzkohle und Küchenabfälle. Weiter kommen Werkzeuge vor und Hinweise, wie man durch Mischpflanzungen die Ausbreitung von Krankheiten oder – durch Heliotrop (Vanilleblume oder Sonnenwende) – eine Ameiseninvasion verhindern kann. Viele dieser Techniken sind nicht nur bis zum Ende des Mittelalters unverändert in Gebrauch, sie werden heute durch den biologischen Garten- und Landbau wieder aufgenommen. Columella berichtet zudem, dass die Römer Blumen, Gewürze und Obst – Lilien und Rosen, dann Anis, Dill, Kerbel, Senf und Koriander sowie Kirsche, Pflaume, Pfirsich, Aprikose, Mandel, Walnüsse und Weinreben – ins Gebiet des heutigen Deutschland einführen.

AUGUST 79: POMPEJI UND TOPIARI I Der Vesuv bricht aus und begräbt Herculaneum, Pompeji und die Villen im Umland der Städte unter einer dicken Asche- und Lavaschicht. Plinius der Ältere (23–79) kommt bei diesem Ausbruch ums Leben. Seine *Historia naturalis,* ein Kompendium über Pflanzen, Tiere, Mineralien und Geografie, erwähnt den Römer Gaius Matius (1. Jahrhundert v. Chr.), auf den die Erfindung des *Opus topiari* zurückgeht, die Kunst, Bäume in bestimmte Formen zurechtzustutzen. Der Gartenkünstler oder *Topiarius* formt mittels Scheren und Sicheln Zypressen, Efeu, Buchs oder Eiben zu geometrischen Figuren, Tieren, sogar zu Jagdszenen und Schiffen. Damit werden wohl erstmals bewusst Pflanzen in ornamentale Figuren geschnitten und als bildnerische, skulpturale und erzählerische Motive eingesetzt. Heute bekannt sind etwa die *Topiari* im Garten *Great Dixter* des Gartenbuchautors Christopher Lloyd (1921–2006) im Süden Englands. Lloyd machte sich mit zahlreichen Artikeln und insbesondere mit seinem Buch *The Well Tempered Garden* (1970) einen Namen.

Durch den Ausbruch des Vesuvs, das heißt durch die Lavaschichten, werden die Spuren des Lebens und der Gärten authentisch konserviert: In Pompeji gehören Gärten zu öffentlichen Anlagen wie Schulen, Gastlokalen, Tempeln und Privathäusern. Haben die größeren Villen bis zu vier *Peristylgärten,* so wird auch im einfachen Haus eines Handwerkers ein Hofgarten gepflegt. Die Römer sind mit Sicherheit leidenschaftliche Gartenliebhaber. Zu sehen ist dies nicht nur in ihren Schriften, es manifestiert sich auch im Städtebau, in der Architektur und auf

Illusionistische Malerei: Wandgemälde mit Bäumen, Blumen und Vögeln, Gartensaal der Villa Livia, Prima Porta, Rom, Italien, vor 79

(Wand-)Gemälden. Die Wände mancher Hofgärten sind etwa mit perspektivischen Malereien geschmückt, die dieses Außenzimmer größer erscheinen lassen. Säulen und Schalen, Pflanzen wie Myrte, Efeu, Oleander, Rosen, Erdbeeren oder Zitronenbäume, Vögel und sogar Stechmücken sind dargestellt. Nagellöcher in den Wänden lassen vermuten, dass auch Spalierobst gezogen wurde, und Skulpturen, geraubte griechische Werke oder deren Kopien, wurden im Garten platziert. Der Einfluss der römischen Gartenkultur auf die europäische und amerikanische Gartenentwicklung ist kaum zu unterschätzen: Die Römer bündeln die bisherige Gartengeschichte zu einer eigenen Synthese, bringen die Bewässerungstechnik mit Aquädukten und Wasserleitungen voran und verbreiten die Pflanzen des Mittelmeerraums und Asiens sowie die Kunst des Anziehens von Bäumen aus Stecklingen nördlich der Alpen.
| 1648: BAUMSCHULE

97 BIS 107: AUSSICHT Plinius der Jüngere (um 61–115), Neffe und Erbe von Plinius dem Älteren, schreibt Briefe, in denen er seine zwei Gärten in Tusculum und Laurentium in der heutigen Toskana zum Thema macht. Er erwähnt, wie wichtig die Lage eines Gartens ist, das heißt die Wind- und Wasserverhältnisse und die Sonneneinstrahlung. Seine Villa Tusci hat einen Garten in der Form eines Hippodroms mit Brunnen, Rundbänken, von Wein umrankten Pergolen, einem Lusthaus, regelmäßig gepflanzten Bäumen und von Buchsbaum eingefassten Beeten. Vor dem Portikus der Villa ist ein Ziergarten angelegt, der *Xystus,* und innerhalb des Gebäudes gibt es einen Gartenhof mit Platanen und einem Springbrunnen. Er deutet auch die Existenz von Gewächshäusern an. Für die zukünftige Gartengestaltung bedeutsam ist seine Beschreibung der Aussicht: Aus der Höhe erscheint das umgebende Land nämlich «nicht als wirkliche Landschaft, sondern als erlesenes Gemälde».

118 BIS 138: NYMPHÄUM Kaiser Hadrian (76–138) lässt während seiner Regierungszeit eine Villa in Tivoli rund 20 Kilometer östlich von Rom bauen. Teiche, Säulen, Säulenhallen, Pavillons und Statuen sind wichtige Elemente des Gartens der Villa Adriana, die heute zum Unesco-Weltkulturerbe gehört. Die Motive dieses römischen Gartens werden

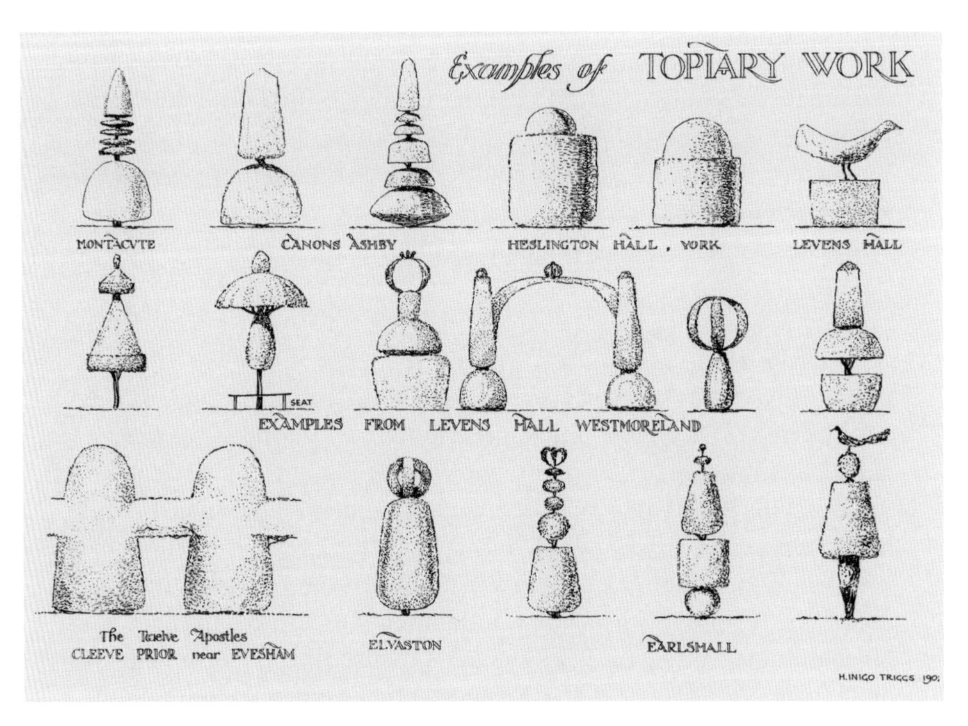

Tiere und geometrische Figuren: *Topiari*-Musterformen,
Gravur aus dem Jahr 1902

Kegel, Zylinder, Schachfiguren: *Topiari* im *Viktorianischen Garten* von Levens Hall, Kendal, Cumbria, England

Mit großem Einfluss auf die Gartengeschichte:
Das «Teatro Marittimo» der Villa Adriana in Tivoli, Italien

die europäische Gartengeschichte prägen, so etwa das als «Teatro Marittimo» bekannt gewordene *Nymphäum,* ein Rundbau um einen Teich mit Insel.

269: VALENTINSTAG Am 14. Februar wird der Bischof Valentin von Terni auf Befehl des römischen Kaisers Claudius II. Gothicus (um 214–270) hingerichtet. Der christliche Märtyrer und spätere Heilige hat der Sage nach frisch verheirateten Paaren Blumen aus seinem Garten geschenkt; darüber hinaus sollen von ihm geschlossene Ehen unter einem besonders guten Stern gestanden haben. Ab dem 15. Jahrhundert werden in England Valentinspaare gebildet, 1667 soll die Ehefrau des englischen Dichters Samuel Pepys (1633–1703) mit einem Blumenstrauß auf einen seiner Liebesbriefe reagiert haben, was dann nachgeahmt worden sein soll. Jedenfalls bringen englische Auswanderer den Brauch in die USA, von wo er im Zweiten Weltkrieg wieder nach Europa zurückkommt. Populär und bekannt wird der Brauch allerdings erst in der Nachkriegszeit durch die stark einsetzende Werbung der Floristen für das Verschenken von Blumen am 14. Februar.

UM 300: SCHUTZPATRONIN Die heilige Dorothea von Cäsarea (um 290 bis um 305) stirbt im Zuge der Christenverfolgungen den Märtyrertod unter dem römischen Kaiser Diokletian (244–311). Der Legende nach bringt ein Knabe dem Gerichtsschreiber Theophilus bei ihrer Hinrichtung einen von Dorothea versprochenen Korb mit Rosen und Äpfeln aus dem himmlischen Garten Christi – und das mitten im Winter. Dorothea wird deshalb zur Schutzpatronin der Gärtner und ist auf Bildern mit einem Korb voller Blumen und Früchte dargestellt.

UM 500: GARTENTEPPICH I Der Vordere Orient steht unter der Herrschaft der Sassaniden und Byzantiner, die sich einen regelrechten Wettstreit um den extravagantesten Garten zu liefern beginnen. Kaiser Konstantin der Große (um 280–337), der im Jahr 330 die Hauptstadt Byzantium / Byzanz in Konstantinopel umbenennt (heute Istanbul), und die sassanidischen Kalifen überbieten sich gegenseitig mit Gärten, in denen aus Metall und Gold gefertigte, mechanisch betriebene Singvögel, brüllende Löwen und künstliche Bäume vorkommen. Die byzantinische

Mosaikkunst in den Kirchen und später die Buchmalerei sind darüber hinaus reich an Gartenmotiven; Efeu, Rosen, Lilien, verschiedene Bäume sind dargestellt, und auch Tiere tummeln sich auf den Bildern. Mit dem Niedergang des Römischen Reichs übernimmt Byzanz eine Vermittlerrolle zwischen östlicher und westlicher (Garten-)Kultur. Konstantins Palast, der mehr als 800 Jahre lang offizielle kaiserliche Residenz ist, wird im 13. Jahrhundert durch die Franken zerstört, weshalb von seinen Gärten nichts mehr zu sehen ist.

Der Sassanidenkönig Chosroes I. (531–579) seinerseits soll seinen Garten mehr geliebt haben als die Regierungsgeschäfte. Er ließ sich einen Gartenteppich knüpfen, damit ihm auch im Winter der Anblick von Blumen gegönnt sei. Der Überlieferung nach soll dieser Gartenteppich mehr als 50 Quadratmeter groß gewesen sein: Der Hintergrund des Teppichs zeigt das Abbild des Lustgartens, Bäume und Frühlingsblumen. Die Borte ahmt bunte Blumenbeete nach, wobei Blätter und Blüten aus Seide gewebt, in die Stängel und den gelblichen Erdboden Gold, in die Kiespfade und Gewässer Perlen, Silberfäden und Kristalle eingewebt gewesen sein sollen. Viele dieser – auch kleineren und bescheideneren – Gartenteppiche geben Auskunft über die Gestaltung der Gärten und die Pflanzenarten: In Form eines großen Kreuzes ist der Garten durch vier Wasserläufe in vier Abschnitte geteilt, in dessen Schnittpunkt ein Brunnen oder Bassin angelegt ist. Pinien, Eschen, Ulmen, Weiden, Zypressen, Ahorn, Aprikosen-, Mandel-, Kirsch- und Limonenbäume, aber auch Schwäne, Pelikane und zahlreiche Singvögel sind auf diesen märchenhaften Teppichen abgebildet. Die Vorstellungen vom Paradies als Garten sind über Jahrhunderte Inspirationsquelle für Teppichmotive.

UM 600: ISLAMISCHE GÄRTEN I UND KULTURTRANSFER III In diese Zeit hineingeboren wird Mohammed, der Begründer des Islam (um 570–632). Der Islam übernimmt die bestehenden Gartenideen, erhöht sie ins Spirituelle und verwirklicht im Garten ein irdisches Paradies für Gläubige. «Gärten mit Schatten spendenden Zweigen, Gärten, in denen Quellen fließen, Gärten, in denen es von jeder Frucht ein Paar gibt. Die Gläubigen liegen darin behaglich auf Betten, die mit Brokat gefüttert sind, und die Früchte der Gärten hängen tief, so dass man sie leicht pflücken kann ...» Die islamische Kultur mit ihrer

Die Vorstellung vom Paradies als Garten ist Inspirationsquelle für Teppichmotive, gleichzeitig sind Bildteppiche Zeugen der Gartenkultur ihrer Zeit: *Gartenbrunnen und Ententreiben*, um 1450/60 (Ausschnitt)

Grundmuster eines islamischen Gartens mit Wasserkanälen: Gemälde der Mughal Schule, 17. Jahrhundert, aus dem *Clive Album,* Victoria & Albert Museum, London, England

reichen Ornamentik, Kalligrafie, Architektur und Wissenschaft entwickelt sich zu strahlender Blüte, während Europa nach dem Zusammenbruch des Römischen Reichs im Stillstand verharrt.

Bagdad und später das arabisch geprägte Córdoba in Spanien werden zu Zentren von Wissenschaft, Kunst und der orientalisch-islamischen Gartenkultur. Die ersten Gärten entstehen in Córdoba, wo auch Früchte und Blumen aus dem östlichen Mittelmeerraum, Persien und sogar aus Indien und China gedeihen. Gartenideen und Pflanzen wandern vom Orient über Spanien und Sizilien nach Europa und vergrößern wiederum die Pflanzen- und Gestaltungspalette des Mittelmeergebiets und Nordeuropas.

Die Mauren – die spanische Bezeichnung für Muslime – prägen mit ihrem Wissen die europäische Gartenkultur nachhaltig: Sowohl die Gärten, welche die spanischen Missionare im 18. und 19. Jahrhundert im trockenen Südwesten Nordamerikas anlegen werden, als auch die heutigen Gärten in den Innenhöfen andalusischer Wohnhäuser haben dasselbe islamische Gartenideal als Basis.

Das Grundmuster eines islamischen Gartens, das *chahar bagh,* ist wiederum die Vierteilung durch Gewässer: «chahar» bedeutet «vier», «bagh» heißt «Garten». Im Schnittpunkt befindet sich ein Teich, manchmal die *chabutra,* eine Stein- oder Marmorplatte, oder auch ein Pavillon. Das Wasser als Quelle des Lebens wird fantasievoll inszeniert und gefeiert, wobei die Araber das Wissen, *Kanats* anzulegen, von den Persern übernehmen, und die Idee, farbige Kacheln zur Verzierung von Wasserbecken zu verwenden, auf die alten Ägypter zurückgeht.

Diese Gartenparadiese erfreuen Körper und Geist und werden zugleich als Sinnbild der göttlichen Schöpfungskraft empfunden: «Sieh, die aufrechte Haltung der syrischen Rose und wie das Veilchen auf die Knie sinkt (...). Doch spüre ich in alledem ein Zeugnis deiner Einzigkeit, einen Beweis deiner Unvergleichlichkeit, dass du der Allesvorhersehende, der Allwissende, der Allwahre bist.»

UM 800: GARTENTIPPS II Karl der Große (747–814) erlässt die Verordnung zur Verwaltung der Krongüter, das *Capitulare de villis vel curtis imperii.* Es werden Hinweise zur Anlage von Nutzgärten gemacht und eine Liste mit Gartenpflanzen erstellt, die anzubauen empfohlen

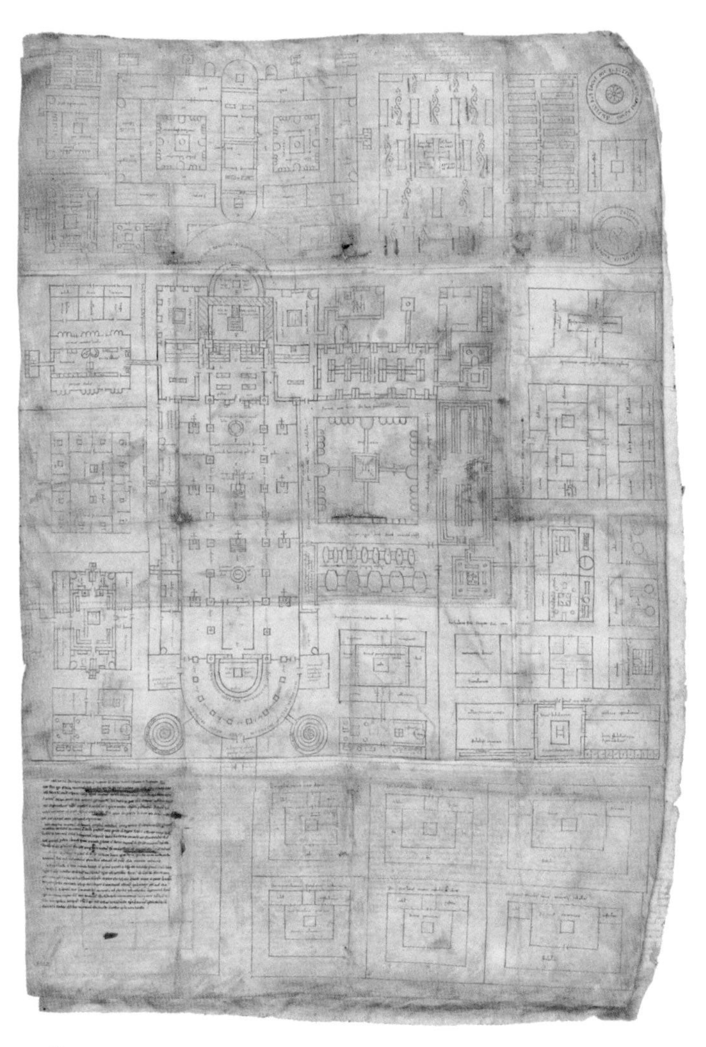

Ältester Gartenplan Europas: Plan des Klosters St. Gallen aus dem Jahr 819, Schweiz

werden: unter anderem Salbei, Rauke, Rosmarin, Lilien, Rosen, Malven, Äpfel, Birnen, Quitten, Kirschen, Pfirsiche, Lorbeeren und Feigen. Während einige Gewürze wie Rosmarin ursprünglich aus dem Süden stammen, sich aber gut ansiedeln lassen, werden andere Pflanzen wie etwa die Heilkräuter Wermut und Beifuß von der freien Natur in den Garten aufgenommen. Die antike und arabische Gartenkultur wird durch die Klöster weitergepflegt und mit der christlichen Kultur verschmolzen; die Gärten der Klöster bilden damit die Brücke zwischen den Gärten der Antike und der Renaissance.

819: KLOSTERGARTEN I Der Gartenplan des Klosters St. Gallen in der Schweiz wird gezeichnet. Er gilt als ältester bildlicher Gartenplan Mitteleuropas und ist eine der wichtigsten Quellen für die Erforschung der karolingischen Gartenkultur. Das Kloster gehört heute zum Unesco-Weltkulturerbe. Neben dem Gemüsegarten *(Hortus),* dem Kräutergarten *(Herbularius)* und dem (Obst-)Baumgarten, der als Friedhof der Mönche ausgewiesen wird, gibt es einen *Kreuzganggarten,* der an einen römischen *Peristylgarten* erinnert, und zwei *Paradiese.* Als «Paradiese» werden Flächen bezeichnet, die direkt an den Portalen liegen, zur meditativen Einstimmung dienen und wo vor allem Rosen, ein Symbol für das Himmlische und Göttliche, gepflanzt werden. Im Zentrum des Wegkreuzes im *Kreuzganggarten* ist ein Sadebaum (Wacholder) vorgesehen. Dies stellt ein zumindest mehrdeutiges Symbol dar, ist doch der Wacholder einerseits als Abortivmittel bekannt (mit Volksnamen: Mägdebaum, Jungfernpalme, verbodenbum), andererseits auch ein Ewigkeitssymbol und Hilfsmittel gegen böse Geister; mit seinem Holz werden etwa Räume ausgeräuchert. Angebaut werden unter anderem Zwiebel, Sellerie, Pastinake, Kohl, Bohnenkraut, Koriander, Kerbel, Rosmarin und Minze, Fenchel und Liebstöckel, es gibt Apfel-, Birn- und Pflaumenbäume, Mispel, Lorbeer und Quitte und sogar Esskastanien-, Feigen- und Mandelbäume. Sämtliche Pflanzen und Arzneikräuter sind auch in Karls des Großen *Capitulare de villis vel curtis imperii* aufgelistet. Der Gartenplan sieht neben den Nutzgärten auch Räume zur geistigen Erbauung vor. Es schwingt das Raumprogramm des Gartens zu einer römischen Villa ebenso mit wie die orientalische Gartenkultur.

UM 827: HORTUS CONCLUSUS I UND GARTENTIPPS III Der deutsche Abt und Dichter Walahfried Strabo (809–849) schreibt das Gedicht *Liber de cultura hortorum,* meist *Hortulus* genannt, in dem er auf poetische Weise nicht nur die Anlage und Pflege eines Gartens besingt, sondern auch die Freude und Lebensqualität, wie wir heute sagen würden, die ein Garten bringt. Der Garten ist der Ort poetischer Verklärung. Doch trotz der gewählten Gedichtform finden sich hier alltagstaugliche Tipps zu Pflanzen und Anbauweisen. Der Benediktiner und Dichter, der ab 839 Abt des Klosters Reichenau am Bodensee ist (heute Unesco-Weltkulturerbe), verfasst damit eines der bedeutendsten botanischen Werke des Mittelalters. Obwohl von einem «Locus amoenus» oder einem «Hortus deliciarum» gesprochen wird, einem Lustort, steht nördlich der Alpen der Nutzgarten im Vordergrund: Der Anbau von Pflanzen dient der Ernährung von Mensch und Tier. Dass der Garten von einer Mauer umgeben, also ein *Hortus conclusus* ist, hat praktische Gründe – etwa Tiere daran zu hindern, in den Garten zu kommen – und entspricht dem mittelalterlichen Lebensgefühl: Die Umgebung des Dorfs oder der Stadt ist keine beschauliche, erheiternde Landschaft, in die man wie zu Plinius' Zeiten ausschwärmt, sondern es lauern in ihr reale (Überfälle, Kriege) wie irreale Gefahren (Geister, die Mächte des Bösen).

UM 1000: ISLAMISCHE GÄRTEN II Abd al-Rahman III. (889–961), Kalif von Córdoba, lässt ab 929 die riesige Palast- und Gartenanlage *Medina al-Zahra* bauen. Sie existiert als Regierungssitz bis 1010, als die Macht des Kalifen durch rebellierende Berber beendet und der Palast niedergebrannt wird.

Der Arzt und Botaniker Ibn al-Wafid (um 997 bis um 1075) legt im spanischen Toledo den Palastgarten *Huerta del Rey* an, der einen künstlichen See gehabt haben soll, «in dessen Mitte ein Kristallpavillon stand; auf das Dach wurde Wasser transportiert und rann von dort wie ein künstlicher Regen auf allen Seiten in den See hinab». Nach al-Wafids Tod kümmert sich zuerst sein Nachfolger Ibn Bassal um den Garten, wird aber 1085 durch die Wiedereroberung Toledos durch die Christen zur Flucht nach Sevilla gezwungen. Dort kümmert er sich um die königlichen Gärten und schreibt ein Buch über Landwirtschaft, das die Grundlage anderer von arabischen Pflanzen- und Gartenkennern verfasster

Harmonie der Symmetrie und Wasser als Spiegel:
Im Garten der Alhambra, Palacio de Comares oder Myrtenhof genannt,
Granada, Spanien

Schriften bildet. Als Sevilla 1248 ebenfalls von den Christen erobert wird, bleibt noch Granada, das sich als kleines Sultanat bis 1492 halten kann. Zwei der berühmtesten und bis heute erhaltenen islamischen Gärten Europas werden hier entstehen, die Gärten der Alhambra und des Palacio de Generalife, die heute zum Unesco-Weltkulturerbe gehören. | UM 1319: 1001 NACHT I

UM 1147 BIS 1150: KLOSTERWISSEN Die Mystikerin, Naturwissenschaftlerin, Ärztin, Philosophin und Theologin Hildegard von Bingen (1098–1179) gründet das Kloster Rupertsberg bei Bingen am Rhein. Ihre dort verfassten Werke *Causae et curae (Ursachen und Heilungen), Physica* oder das *Liber simplicis medicinae* sind auch Meilensteine, was die Kenntnisse von Gartenpflanzen betrifft. Hildegard von Bingen beschreibt rund 200 Pflanzen, bezeichnet sie meist auch mit ihrem deutschen Namen und sondert von den Heil- und Nutzpflanzen einzelne Zierpflanzen aus. Wenngleich ihre Schriften keinen direkten Einfluss auf die Gartengestaltung haben, wertet die Sorgfalt, mit der sie die Pflanzen beschreibt, das Gartenwissen wieder auf, das nach dem Zusammenbruch des Römischen Reichs in den Hintergrund gerückt ist. In vielen Klöstern, in der Schweiz etwa im Kloster St. Gallen, werden jedoch neben Blumen und Gemüse Medizinalpflanzen gezogen. Mönche und Nonnen pflegen das Wissen um die Heilkraft der Pflanzen; Heilpflanzenbücher wie das wahrscheinlich im 11. Jahrhundert vom Mönch Odo Magdunensis (Odo von Meung an der Loire) verfasste *Macer floridus* oder die zwischen dem 12. und 15. Jahrhundert entstehenden Kräuterbuch-Handschriften, die *Circa instans-Codices,* werden als Standardwerke benutzt. Die Basler Universitätsbibliothek besitzt zum Beispiel einen *Circa instans* aus Pergament, der rund 380 illustrierte Texte enthält, die von Pflanzen, seltener von Tieren oder Mineralien handeln. Die Texte und Illustrationen stehen in einer Tradition, die später zum ersten gedruckten deutschen Kräuterbuch führt, dem *Gart der Gesundheit* (1485). Heute wird die Phytomedizin wieder vermehrt eingesetzt, wobei das überlieferte Wissen zur Wirkung der Pflanzen inzwischen von Erkenntnissen aus klinischen Studien gestützt wird.

NACH 1200: NUTZEN UND LUST II Albertus Magnus (um 1193–1280), universal gebildeter Geist und der bedeutendste deutsche Theologe und Philosoph des Mittelalters, verfasst um 1260 mit *De vegetabilius, liber septimus de mutatione plantae ex silvestritate in domesticationem* ein Highlight der Gartengeschichte. Es enthält Anweisungen zur Gestaltung eines Lustgartens: Ziel des Gartens ist die Erholung. Die Bäume spenden Schatten, auf der Wiese kann man auf- und abwandeln, der «Wurzgarten», wie Magnus schreibt, verströmt Wohlgerüche und erheitert durch seine Farben, und im Zentrum befindet sich ein Brunnen, das Symbol der Lebensquelle. In Mode sind bepflanzte *Rasenbänke,* kastenförmige Erhöhungen, auf denen man sitzen und plaudern kann. Der Garten ist Hort eines erhabenen und sorgenfreien Lebensgefühls und – wie im Islam – Ausdruck der göttlichen Schöpfungskraft. Magnus empfiehlt zudem, Weintrauben, Obst und Gewürze wie Safran, Petersilie, Koriander oder Liebstöckel anzupflanzen und Pfingstrosen, Lilien oder Ringelblumen zu ziehen; als Zierstrauch sieht er Buchs vor.

UM 1225 BIS 1280: INSPIRATION II UND MINNEGARTEN Der aus über 22000 sich paarweise reimenden Versen bestehende und überaus erfolgreiche *Roman de la Rose* wird von Guillaume de Lorris (um 1205 bis nach 1240) und ab Vers 4059 von Jean de Meung (um 1240 bis um 1305) in Frankreich geschrieben. Die Hauptfigur, Amant, betritt vor den Toren der Stadt einen Garten, der präzise beschrieben und der Schauplatz eines allegorischen Liebesspiels ist: In der Form eines Traums wird von den Begegnungen mit den allegorischen Figuren berichtet; Amant verliebt sich in eine Rose. Liebespaare im Garten und allegorische Liebesgärten sind auch in Holzschnitten und Gemälden ein beliebtes Motiv; der Paradiesgarten ist zum Lustgarten geworden, er ist ein Symbol für die himmlische wie die irdische Liebe. Die Verbindung von Garten und Erotik wird dabei sowohl moralisch positiv wie negativ gewertet: positiv in der Verbindung mit Marias *Paradiesgärtlein,* wie ihn der Oberrheinische Meister um 1410/1420 gemalt hat, negativ mit Unkeuschheit. | 1410 BIS 1420: HORTUS CONCLUSUS II

Der Garten ist in Europa inzwischen nicht nur fester Bestandteil des adlig-höfischen und klösterlichen Lebens, sondern auch des städtischen und des bäuerlichen Alltags. Während Burgen und Schlösser über einen

Tanz im Garten: Illustration zum Versroman *Le Roman de la Rose,* um 1460. Buchmalerei für die Familie Jouvenel des Ursins, zwischen 1447 und 1460, eventuell von Jean Fouquet (um 1420 bis um 1480).

Lustgarten verfügen – das Ideal des *Minnegartens* wird weitaus länger fortleben als die Ritter- und Minnesängergesellschaft –, liefert der Bauerngarten, durch zwei Wege in vier Teile mit Beeten unterteilt, neben Blumen vor allem Gemüse, Beeren und Früchte, auch Heilkräuter und Gewürze. Die Städter legen entlang der Stadtmauer oder zwischen den Gräben und Wällen der Vorstadt (im suburbium) Gemüsegärten zur Selbstversorgung an. Pfingstrosen oder Eisenhut werden sowohl als Zier- wie auch als Heilpflanzen gezogen.

UM 1305: LIEBE ZUR GEOMETRIE I Der italienische Jurist Pietro de' Crescenzi (1233–1320/21) schreibt das Buch *Opus ruralium commodorum*. Basierend auf antiken römischen Texten, eigenen Beobachtungen und Kenntnissen der Dominikanermönche des Klosters in Bologna gibt das Buch praxisnahe Ratschläge und beeinflusst die kommende Gartengestaltung durch die Idee, Beete in geometrischen Formen anzulegen.

UM 1319: 1001 NACHT I Im spanischen Granada entsteht die Anlage des oberen Gartens des Palacio de Generalife, der Myrtenhof der Alhambra etwas später. Gekühlt von der schneebedeckten Sierra Nevada, liegen die Gärten geschützt hinter Mauern, die Architektur der Gebäude mit kunstvollen Stuckstalaktiten-Gewölben, Rautenverzierungen, durchbrochenen Waben- und Arabeskenmustern, Säulengängen, Pavillons und zahlreichen Wasserbecken lassen in Europa wohl zum letzten Mal einen prachtvollen Palastgarten à la *Tausendundeine Nacht* aufleben.

1348: INSPIRATION III Der italienische Dichter Giovanni Boccaccio (1313–1375) beginnt, *Il Decamerone* zu schreiben. Im Zentrum der Novellensammlung steht eine Gruppe junger Leute, die vor der Pest in die Landschaft vor Florenz flieht und sich zur Ablenkung vor den Schrecken des Schwarzen Todes 100 ungewöhnlich realistische, witzige und anzügliche Geschichten erzählt. Boccaccio beschreibt nicht nur eine Fülle von Blumen und Früchten, er preist auch die Gestaltung, den Plan der Gärten, die für ihn die Quintessenz einer kultivierten Landschaft zu sein scheinen. In zahlreichen Geschichten kommen Gärten vor,

Arbeit in geometrisch angelegten Beeten: Buchmalerei aus Pietro de' Crescenzis Buch *Opus ruralium commodorum*, zwischen 1475 und 1500

die vom Garten der Villa Palmieri in Florenz inspiriert sein sollen. Dieser wird 1697 vollständig in einen Barockgarten umgewandelt und im 19. Jahrhundert erweitert.

UM 1410 BIS 1420: HORTUS CONCLUSUS II Ein unbekannter Künstler, Oberrheinischer Meister genannt, malt *Das Paradiesgärtlein.* Maria ist in einem *Hortus conclusus,* einem von einer Mauer umschlossenen Garten, zu sehen; es wachsen unter anderem Maiglöckchen, Pfingstrosen, Schwertlilien, weiße Lilien und Erdbeeren. Das Motiv des verschlossenen Blumengartens stammt aus dem *Hohelied Salomons* und ist als Symbol für Marias jungfräuliche Empfängnis sehr beliebt: «Ein verschlossener Garten ist meine Schwester Braut, / ein verschlossener Garten, / ein versiegelter Quell. (...) In seinen Garten ging mein Geliebter / zu den Balsambeeten, um in den Gartengründen zu weiden, / um Lilien zu pflücken.» Der *Hortus conclusus* bildet eine häufig gewählte Umgebung auch in Andachts- und Stundenbüchern wie in den zuerst durch die Brüder Limburg und dann durch Jean Colombe (um 1430 bis um 1493) gemalten *Très Riches Heures du Duc de Berry* (1410–1485) oder in Martin Schongauers (1445/1450–1491) *Madonna im Rosenhag* (1473).

| 1554: BLUMENSPRACHE

UM 1450: WIEDERENTDECKUNG DER ANTIKE I Die Humanisten der Renaissance lösen eine erste Wiederentdeckung der Antike aus. Die auf antiker literarischer, philosophischer und wissenschaftlicher Bildung beruhenden neuen Überlegungen zur Menschenwürde und die dafür notwendigen Lebensbedingungen verändern auch die Haltung zu Natur und Gartengestaltung: Der Garten wird wieder ein Ort für das Leben im Freien, für Geselligkeit und philosophische Gespräche. Leon Battista Alberti (1404–1472), italienischer Humanist und Architekt, beschreibt in seinem zehnbändigen Werk über Architektur *De re aedificatoria* antike Villen und Gärten und schafft damit eine Voraussetzung für den europäischen Renaissancegarten.

1453: TULPEN, LILIEN Die osmanischen Sultane besiegen Byzanz. Je mächtiger die Osmanen werden – sie stoßen im 18. Jahrhundert bis vor die Tore Wiens vor –, desto stärker wird der Strom von

Der Garten ist ein umfriedetes Grundstück, ein *Hortus conclusus,* und jede Pflanze hat ihre symbolische Bedeutung: *Das Paradiesgärtlein,* Oberrheinischer Meister, um 1410/1420

Pflanzen, Knollen und Samen, die über Konstantinopel nach Zentraleuropa kommen; mit Vorliebe Nelken, Hyazinthen, Tulpen, Narzissen, Lilien und Rosen.

1483: NUTZEN UND LUST III Kaspar von Effinger (1442–1513) erwirbt das im 12. Jahrhundert durch die Grafen von Habsburg erbaute Schloss Wildegg in der Schweiz. Das Ensemble aus Schloss, Nutz-, Lust- und Rosengarten sowie Voliere, Rebberg, Wald und Gutshof ist heute in fast originalem Zustand erhalten. Bis 1912, als Julia von Effinger (1837–1912), die das Anwesen in 11. Generation bewohnt, kinderlos stirbt, ist der Garten sowohl Lieferant für Gemüse und Früchte wie Erholungsort. Heute ist der barocke Garten einzigartig in der Schweiz: Auf einer Terrasse mitten im Rebberg gedeihen rund 300 alte Kulturpflanzen, die in Zusammenarbeit mit der Stiftung Pro Specie Rara gepflegt werden.

1494: KULTURTRANSFER IV Der französische König Charles VIII. (1470–1498) zieht mit einem Heer nach Neapel, um den Machtanspruch des Hauses Anjou durchzusetzen. Das misslingt zwar, doch zurück auf Schloss Amboise an der Loire schreibt er dem Herzog von Bourbon: «Mein Bruder, Sie können sich nicht vorstellen, welch schöne Gärten ich in dieser Stadt gesehen habe. Wahrhaftig. Es scheint, dass nur Adam und Eva fehlen, um daraus ein irdisches Paradies zu machen, so schön sind sie und voll von guten und sonderbaren Dingen.» Schloss Amboise erhält daraufhin einen Renaissancegarten italienischer Prägung – der Kulturtransfer von Italien nach Frankreich und in die übrigen europäischen Länder nimmt seinen Lauf –, und Louis XII., Charles Nachfolger und ebenso begeisterter Gartenliebhaber, lässt später Marmorbrunnen aus Italien aufstellen. Die Stiche von Jacques Androuet Du Cerceau (1510–1584) überliefern wohl die ursprüngliche Gestaltung der Gärten von Amboise, Schloss Gaillon und Blois.

1499: WASSERGARTEN UND INSPIRATION IV In Venedig erscheint Francesco Colonnas (1433/34–1527) *Hypnerotomachia poliphili*. Der allegorische Roman und seine Holzschnitte haben großen Einfluss auf die Gartengestaltung. So lässt der französische König François I. (1494–1547), fasziniert von den beschriebenen Baum- und Beetfiguren,

Die Schönheit des Wassers: Garten des Château de Fontainebleau, der Name ist von «fontaine belle eau» abgeleitet, Departement Seine-et-Marne, Frankreich.

ab 1528 seinen Garten in Fontainebleau nach diesem Vorbild anlegen; er gehört heute zum Unesco-Weltkulturerbe. 1546 erscheint das Buch in gekürzter Fassung auf Französisch, 1547 auf Englisch. Unter François I. blühen die Künste und die Gartenkultur der Renaissance in Frankreich auf. Er lässt in Fontainebleau unter anderem einen Ziergarten aus vier *Beetkompartimenten* anlegen, in dessen Achsenkreuz die antike Diana-Statue aufgestellt ist (heute im Louvre); unter Caterina de' Medici (1519–1589) wird dieser Garten in *Jardin de la Reine* umbenannt. Im heute mit *Galerie de François 1er* bezeichneten Teil ist der *Cour de la Fontaine* zu finden, ein Brunnenhof, der an einen künstlich angelegten See grenzt. Wasser ist in Fontainebleau von Anfang an von entscheidender Bedeutung. Doch werden in der Folge in vielen europäischen Gärten Wasserspiele mit teils hochkomplexem hydraulischem Antrieb gebaut. Im Barockgarten werden später Kanäle, Becken und theatralische Brunnen mit Figurengruppen ein wichtiges Gliederungsprinzip.

VOR 1500: GARTENTEPPICH II Der Gobelinzyklus *Les tapisseries de la dame à la licorne* zu den fünf Sinnen Sehen, Hören, Riechen, Tasten und Schmecken entsteht in Frankreich. In der Tradition der Gartenteppiche zeigt er die Jungfrau und das sagenumwobene Einhorn inmitten von Blumen, Bäumen, Hunden, Hasen, Affen oder Löwen.

UM 1500: KÜNSTLICHER BERG I Der englische König Henry VIII. (1491–1547), der sich in kultureller Rivalität zu François I. sieht, lässt auf seinen Landsitzen Hampton Court Palace, Palace of Whitehall und Nonsuch Palace die ersten bedeutenden englischen Renaissancegärten anlegen, die auch von italienischen Einflüssen geprägt sind. Im Schlossgarten von Hampton Court (London) wird ein künstlicher Berg, also eine *Montagnette* errichtet, von wo der König Schloss und Garten überblicken kann. Heute findet dort jedes Jahr die Hampton Court Flower Show statt, neben der Londoner Chelsea Flower Show und der in der Nähe von Manchester stattfindenden Tatton Park Flower Show die größte Garten- und Blumenschau der Welt. | 1804 UND 1851: GARTENSCHAU I UND II

Auch die Engländer beginnen, die römische und griechische (Garten-)Kultur begeistert aufzunehmen und ein neues Bewusstsein für die Landschaft und deren Gestaltung zu entwickeln. Als Spezialität

Aussicht: Künstlicher Berg, auch *Parnass, Gazebo* oder *Montagnette* genannt.
Stich von Johannes van den Aveele, um 1700

Abgesenktes Gartenparterre: Der *Sunken Garden* des Pierrepont House in Nottingham, England. Gemälde eines unbekannten Meisters, ca. 1705

des englischen Renaissancegartens wird sich der *Sunken Garden* etablieren, ein abgesenkter *Parterregarten,* wie er etwa im Garten von Hanbury Hall, Worcestershire, verwirklicht ist. 1996 wird mit dem von Dominique Perrault (*1953) entworfenen Gartenhof der Bibliothèque Nationale de France in Paris ein moderner *Sunken Garden* eröffnet.

Sebastiano Serlio (1475–1554), italienischer Architekt und Architekturtheoretiker, entwirft achsensymmetrische Knoten- und Spiralmuster und konzentrisch angelegte Kreis- und Viereckornamente, welche die Gestaltung der *Parterrebeete* bis in die Barockzeit und darüber hinaus prägen. | AB 1600: GARTENPARTERRE UND IRRGARTEN

1530: MOGULGÄRTEN Der Nachfahre von Dschingis Khan (1162–1227) und Begründer der indischen Mogul-Dynastie, Babur, auch Babar oder Baber (1483–1530), stirbt im indischen Agra. Dem Herrscher, der dichtet, musiziert und Pflanzen liebt, sind unter anderem Gärten im afghanischen Kabul und pakistanischen Lahore zu verdanken. Er legt Tulpensammlungen an und beschreibt ergriffen die Stimmungen in seinen Gärten. Tief beeindruckt von den Gärten seines Vorfahren Timur-Leng (1336–1405), die er in Samarkand gesehen hat, sollen die *Bagh-i-Babur,* die Gärten Baburs, nach seinen Entwürfen angelegt worden sein. Er führt Pflanzen aus Afghanistan nach Indien ein und schickt umgekehrt Mangos, Kochbananen, Banyanbäume und Orangen nach Kabul. Sein Sohn, sein Enkel und dessen Söhne tun sich in der Folge ebenfalls mit prachtvollen Tempel-, Palast- und Gartenanlagen hervor: Höhepunkte sind der 1642 von Schah Dschahan angelegte *Shalimar Garten* in Lahore und das 1632 bis 1654 für seine Gattin Mumtaz Mahal (1593–1631) errichtete Mausoleum Taj Mahal mit dem 18 Hektar großen Garten in Agra, die beide heute zum Unesco-Weltkulturerbe gehören. Der *Bagh-i-Babur* in Kabul, ein beliebter *Mogul-Terrassengarten* für die Bewohner Kabuls, wird ab 1992 durch den Krieg und die fast vollständige Abholzung zerstört. Ab 2000 unterstützt unter anderem der Aga Khan Trust of Culture die Restaurierung, seit 2009 steht der Park auf der Kandidatenliste für das Unesco-Weltkulturerbe.

1536: VOLKSPARK II Der englische König Henry VIII. lässt rund um sein Anwesen Hyde ein Gelände einzäunen, um darin jagen zu

Ort der Kontemplation in der Großstadt: Peter Zumthors Pavillon bei der Serpentine Gallery, London 2011. Der holländische Gartenarchitekt Piet Oudolf gestaltete die Bepflanzung dieses *Hortus conclusus.*

können: den späteren *Hyde Park* in London. Unter König James I. (1566–1625) wird er den Edelleuten zugänglich gemacht, ab 1637 ist er geöffnet für die Stadtbewohner. Unter Königin Caroline von Ansbach (1683–1737) werden der *Hyde Park* und die *Kensington Gardens* von Charles Bridgeman (1690–1738) zu einer kohärenten Landschaft umgestaltet, was 1733 abgeschlossen ist. Bridgeman lässt auch den kurvigen See *The Serpentine* anlegen, indem er die Flüsse Westbourne und Tyburn Brook staut. Die Serpentine-Brücke, 1826 von John Rennie (1794–1874) gebaut, teilt ihn in The Long Water und The Serpentine River; seit 1830 wird er mit Wasser aus der Themse gespeist. 1851 ist der Park Schauplatz der Weltausstellung Great Exhibition und Standort des *Crystal Palace.* | 1851: GARTENSCHAU II
Bei der Serpentine Gallery wird jeweils im Sommer ein von Architekten und Künstlern kreierter Pavillon gebaut: 2011 ist es ein Pavillon des Schweizer Architekten Peter Zumthor (*1943) mit dem Titel *Garden Within a Garden;* die Beete entwirft der holländische Gartendesigner Piet Oudolf (*1944), der auch am *High Line Park* in New York mitarbeitet und die Gartenanlage um die Ausstellungshallen der Galerie Hauser & Wirth in der englischen Grafschaft Somerset entwirft. Gärten und Parkanlagen sind immer Kinder ihrer Zeit. Mit der Zeit machen auch sie den unverwechselbaren Charakter eines Orts aus und wirken identitätsstiftend für die Bewohner.

AB 1542: MONSTERGARTEN Graf Vicino Orsini (1523–1585) beginnt, den Garten zur Villa Orsini anzulegen, den *Sacro Bosco* in Bomarzo in Italien. Es ist ein labyrinthischer Fantasiegarten aus der Zeit des Manierismus voller Wasserspiele, allegorischer Figuren, skurriler Monster, Drachen und Tiere – etwa eine Schildkröte und ein Elefant, die aus dem Felsen gehauen sind. Zudem gibt es zahlreiche literarische Anspielungen, verschlüsselte Inschriften und ein schief stehendes Haus. Der Garten verwirrt dadurch die gewohnte Wahrnehmung und lehrt die Spaziergänger das Staunen.

1545: WISSENSCHAFT I Der *Orto Botanico di Padova* wird angelegt, es ist ein *Hortus medicus,* ein Heilkräutergarten, der heute zum Unesco-Weltkulturerbe gehört. Botanische Gärten entstehen im Zusammenhang mit Universitätsgründungen und sind zuerst den Arznei-

Als «Living Library» bezeichnet:
der 1632 gegründete botanische Garten in Oxford, England

Grotte mit der Marmorstatue *La Schiava* des italienischen Bildhauers Antonio Canova (1757–1822) und *Brunnen des Drachens* in den *Giardini Botanici Hanbury,* La Mortola bei Ventimiglia, Italien.
Im geschützten Klima um den Brunnen gedeiht Papyrus.

pflanzen beziehungsweise der Ausbildung von Ärzten vorbehalten, erst später kommen seltene oder exotische (Zier-)Pflanzen und die Idee der Volksbildung hinzu. Nach Padua erhalten Pisa (1547), Bologna (1567), Leipzig (um 1580), Köln und Breslau (1587) oder Oxford (1632) einen botanischen Garten. Der niederländische Botaniker Carolus Clusius (1526–1609) gründet 1577 den botanischen Garten der Universität Leiden. Er reist durch ganz Europa, veröffentlicht Bücher über die spanische (1576) oder die österreichische (1583) Flora, erforscht die Alpenflora, führt die Kartoffel und die Rosskastanie in Österreich ein und züchtet Tulpen, Hyazinthen, Iris oder Gladiolen. Eine regelrechte Tulpenmanie ergreift Europa.

Ein besonders schönes Beispiel sind heute auch die *Giardini Botanici Hanbury* in La Mortola an der italienischen Riviera; seit 1987 im Besitz der Universität Genua. Der englische Kaufmann Thomas Hanbury (1832–1907), der in Schanghai mit Gewürz-, Tee- und Seidenhandel ein Vermögen erwirtschaftet hat, erwirbt 1867 das rund 18 Hektaren große, zum Meer abfallende Grundstück und engagiert unter anderem den deutschen Gärtner Ludwig Winter (1846–1912). Mit der Zeit entsteht – auch durch Hanburys Bruder Daniel, der Pflanzen importiert – ein Garten mit Pflanzen aus aller Welt: Schon 1889 sind rund 3600 verschiedene Arten aufgelistet. Neben den im Mittelmeerraum beheimateten Oliven, Zitrusfrüchten und Zypressen gibt es den *Japanischen Garten,* den *Garten der Düfte,* den *Australischen Wald,* brasilianische Guaven, eine Kakteen- und Rosensammlung und rund 325 Arten Aloe, Glyzinien, Passionsblumen und Hibiskus. Seit 2006 gehört der Garten zum Unesco-Weltkulturerbe.

1546: GARTEN ALS BÜHNE Der Garten und das Château de Chenonceaux, vom französischen König Henri II. (1519–1559) zwischen 1551 und 1555 für seine Maîtresse Diane de Poitiers (um 1500–1566) erbaut und ab 1560 im Besitz von Caterina de' Medici, ist ein Wasserschloss par excellence. Mit einem ebenso prachtvollen Renaissancegarten wie demjenigen von Saint-Germain-en-Laye, der in sechs Terrassen zur Seine hinabführt, vermittelt er den Eindruck einer Theaterkulisse: Bühnenbild, Malerei und Gartenkunst werden sich in der Folge vielfältig inspirieren. Anders als viele französische Renaissancegärten, die mit der Zeit verfallen oder in Barockgärten und dann weiter in englische

Wasserschloss mit Renaissancegarten und großem Wald:
Das Château de Chenonceaux am beziehungsweise über dem Fluss Cher erbaut, gehört zu den schönsten Loire-Schlössern, Departement Indre-et-Loire, Frankreich.

Landschaftsgärten umgestaltet werden, ist der Garten des Château Villandry bei Tour heute wieder ein Renaissancegarten: Das ist dem spanischen Arzt Joachim Carvallo (1869–1936) zu verdanken, der das Schloss 1906 erwarb, den damals existierenden englischen Garten mit Stumpf und Stiel ausreißen, die barocken Elemente entfernen und den Renaissancegarten rekonstruieren ließ. Für ihn war das verlorene Paradies ein «Garten der Intelligenz», nicht des Gefühls. Trotz eifrigen Quellenstudiums ist seine Rekonstruktion auch eine Neuinterpretation. Ein Highlight ist dabei der *Potager,* der riesige Gemüsegarten: Im Frühjahr werden in die mit Buchs eingefassten Beete rund 60 000, im Sommer noch einmal 30 000 Gemüsepflanzen und Blumen gesetzt. Die Fruchtfolge verlangt jedes Jahr einen anderen Gartenplan, wobei alle Pflanzen so dicht und kunstvoll gesetzt sind, dass sie ein intarsienartiges Ornament bilden. Im Herbst leuchtet der Zierkohl in den Farben Weiß bis Purpur. Die auf neun quadratischen *Kompartimenten* geometrisch angeordneten Beete sind über kreuzförmig angelegte Wege zu erreichen, und auch die hochstämmigen Rosenstöcke sollen an den mittelalterlichen Klostergarten erinnern. Im Château de Prangins, in den 1730er-Jahren hoch über dem Genfersee erbaut, gibt es einen weiteren sehenswerten *Potager.* Das Schloss beherbergt seit 1998 einen Teil der Sammlung des Schweizerischen Nationalmuseums.

1554: BLUMENSPRACHE Aus Wolle, Leinen, Seide, Metallfäden und menschlichen Haaren wird – vermutlich in Zürich – der Bildteppich *Die Verkündigung im Hortus conclusus* (1554) gewebt; er stellt Marias unbefleckte Empfängnis dar. Heute im Benediktiner-Kollegium Sarnen in der Zentralschweiz aufbewahrt, zeigt der Andachtsteppich in selten gut erhaltener Schönheit, wie Maria im ummauerten Paradiesgarten sitzt und den Erzengel Gabriel erwartet. Dieser führt vier Hunde mit sich, die für die Tugenden Wahrheit, Friede, Gerechtigkeit und Barmherzigkeit stehen. Maria berührt das Horn eines Einhorns und ist von zahlreichen naturalistisch dargestellten Tieren und Pflanzen umgeben. Die Schwertlilie steht für Nächstenliebe, die Lilie für Keuschheit, die Rose symbolisiert Maria selbst, meint aber auch Liebe, Jungfräulichkeit, Verschwiegenheit und Demut. Obstbäume deuten auf Auferstehung, Erdbeeren auf Reinheit, das vergossene Blut Christi und gleichzeitig auf Verführung!

Nahrung und Genuss: Der *Potager* – der Gemüse- oder Küchengarten – im botanischen Garten Oxford, England

Potager im botanischen Garten Oxford, England

Maria im Paradiesgarten: *Die Verkündigung im Hortus conclusus,*
1,55 × 4,21 Meter großer Bildteppich aus Wolle, Leinen, Seide, Metallfäden und menschlichem Haar. 1554 wahrscheinlich in Zürich gewoben, heute im Benediktiner-Kollegium Sarnen, Schweiz, aufbewahrt.

charitas
castitas
Vox turturis audita
Turris david que mille
clipeis erat munita
Rubus Mosi
urna aurea
Adam
humilitas
vellus gedeonis
eua
signatus
porta aurea

Maiglöckchen stehen für keusche Liebe und Heilkunde, Schlüsselblumen für Hoffnung sowie Unschuld, Osterglocken für ewiges Leben und Fruchtbarkeit oder Gänseblümchen für Kraft und Treue.

1560: RENAISSANCE Im Auftrag des Kardinals Ippolito II. d'Este (1509–1572) beginnen die Arbeiten zum Bau der Villa d'Este in Tivoli und der dazugehörenden Gärten; der Entwurf stammt vom Maler, Architekten und Archäologen Pirro Ligorio (1513–1583), umgesetzt wird er vom Hofarchitekten Alberto Galvani. Die Bau- und Umgestaltungsarbeiten der heute zum Unesco-Weltkulturerbe gehörenden Anlage dauern bis gegen Ende des 17. Jahrhunderts. Im 18. Jahrhundert verfällt der Garten zusehends und wird erst ab Mitte des 19. Jahrhunderts durch Kardinal Gustav Adolf Prinz zu Hohenlohe-Schillingsfürst (1823–1896) vor dem Verfall gerettet. Der Garten besteht aus dem Hanggarten mit seiner Abfolge von Rampen, Treppen und Terrassen und aus dem flachen *Giardino delle Semplici* mit Beeten und Laubengängen. Unterhalb des Hanggartens liegen in der Querachse drei hintereinander gestaffelte Fischteiche, abgeschlossen von einer Doppelterrasse mit dem imposanten Neptunbrunnen, auch Orgelbrunnen genannt, auf dem Franz Liszt (1811–1886) gespielt haben soll. Zwischen 1867 und 1882 war der Komponist häufiger Gast in der Villa und schuf dort *Giochi d'acqua.* Neben dem Orgelbrunnen werden die *Allee der hundert Brunnen,* der *Tivolibrunnen* im Hanggarten und die *Fontana di Roma* (1855 zum größten Teil abgebrochen) weltberühmt. Die verschiedenen Bereiche des Gartens funktionieren wie Zimmer, in denen man sich aufhalten kann und in denen rauschende Feste stattfinden.

Auch in der Nähe der Ruinen von Tusculum, in Frascati und Umgebung, werden ab 1550 bis 1650 eine ganze Reihe von luxuriösen Villen mit barock gestalteten Gärten gebaut, etwa die Villa Aldobrandini (um 1600) mit ihrem riesigen Park, wo Platanenwäldchen, spektakuläre Wasserspiele und mythologische Figuren ein mediterranes Vorzimmer zum Paradies zu bilden scheinen.

1563: LIEBE ZUR GEOMETRIE II UND AMPHITHEATER I Bernard Palissy (um 1510–1590), französischer Maler, Keramiker und Glasbläser, entfaltet in seinem Werk *Recepte véritable* (1563) die Vision

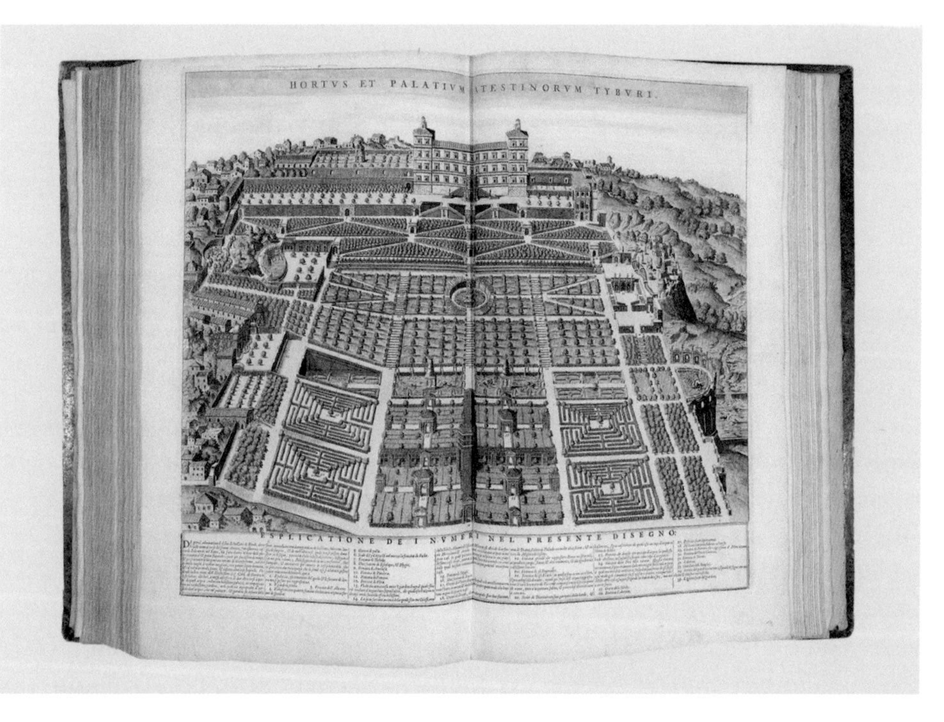

Freiluftzimmer: Garten der Villa d'Este in Tivoli, Italien.
Stich des Kartografen und Kupferstechers Joan Blaeu (1596–1673) aus dem Buch
Theatrum Civitatum, 1663

eines Renaissancegartens: Durch Alleen in vier gleich große Abschnitte gegliedert, sind im Zentrum ein Amphitheater, in den Gartenecken Grotten platziert; die Alleen münden in kleine Kabinette in der Form antiker Tempelchen. Palissys Landsmann Charles Estienne (1504–1564), erfolgreicher Verleger und Arzt, beschäftigt sich in *L'agriculture et maison rustique* (1583) mit konkreter Gartengestaltung und -arbeit: Er unterscheidet Küchengarten, Blumen- und Lust- beziehungsweise Obstgarten und beschreibt, welche Pflanzen wie angeordnet werden können. Noch detaillierter verfährt der deutsche Pfarrer Johann Peschel (um 1535–1599), der in seiner 1597 in Eisleben herausgebrachten Abhandlung über Gartengestaltung ebenfalls geometrische Muster bevorzugt. Spaliere, Labyrinthe aus mannshohen Hecken und die im *Quincunx-Ornament* gepflanzten Bäume – die Bäume sind so gesetzt, dass sie, gleich aus welchem Blickwinkel, immer in geraden Linien zu sehen sind – zeigen seine Liebe für Ordnung: «Denn allzeit ist eine Ordnung lieblich anzusehen.»

UM 1600: GROTTEN, BRUNNEN UND AMPHITHEATER II

Der italienische Maler flämischer Herkunft Giusto Utens (?–1609) malt im Auftrag von Ferdinando I. de' Medici (1549–1609) 14 Villen und ihre Gärten für die Gewölbekappen des Festsaals der Villa La Ferdinanda. Aus der Vogelperspektive gemalt, zeigen die Lunettenbilder toskanische Villengärten ab Mitte des 14. Jahrhunderts. Neben den *Beetkompartimenten* gehören Brunnen, Bassins mit Felsen und Figuren, Grotten, Irrgärten oder kleine Berge – *Montagnetten* – zu einem herrschaftlichen Renaissancegarten. Der Garten der Medici-Villa Pratolino nördlich von Florenz etwa gehört zu den beeindruckendsten Gärten: Als durchaus weitläufiges Refugium für den Fürsten und seine Geliebte geplant, dienen im Garten mehrere Grotten mit mechanisch betriebenen Figuren – etwa Wasser trinkende Enten und eine wandelnde Jungfrau –, eine *Montagnette,* in dessen Innern eine wasserbetriebene Orgel Musik spielt, sowie ein Theater zur Belustigung der Lustwandelnden.

Die Gärten des Cortile del Belvedere im Vatikan, der Villa d'Este in Tivoli oder der bereits leicht barocke Garten der Villa Lante im Stadtteil Bagnaia in Viterbo sind herausragende italienische Renaissancegärten. Der Übergang zum Barock geschieht allerdings fließend: Obwohl der *Giardino di Boboli* in Florenz seine Anfänge in der Renaissance hat, gilt

Vogelperspektive: *Villa Pratolino,* Lunette von Giusto Utens, 1599.
Der Park der Villa Medici von Pratolino in Vaglia, Italien, ist seit 1981 im Besitz der Stadt Florenz.

er als wichtiges Beispiel eines Barockgartens. Der Gartenarchitekt Niccolò Tribolo (um 1500–1550) bringt 1549 das kleine Tal hinter dem Palazzo Pitti in die Form eines Amphitheaters und halbiert die Anlage mit einer zentral gelegten Allee. Ähnlich wie Tribolos Entwurf für die Villa Medici in Castello strukturieren verschiedene grüne Gartenräume den *Giardino di Boboli,* später kommen architektonische Elemente hinzu. Der Delphin-Muschel-Brunnen und der Ozeanbrunnen sind Teil eines ausgeklügelten Bewässerungssystems, Skulpturengruppen und zahlreiche Topfpflanzen machen den Garten abwechslungsreich und üppig.

AB 1600: IRRGARTEN Der Franzose Olivier de Serres (1539–1619) vergleicht das Entwerfen eines *Gartenparterres* mit der schöpferischen Tätigkeit eines Malers und unterscheidet zwischen *Kompartimenten, Quartieren* und *Parterres:* ein *Kompartiment* ist ein größeres, ornamental bepflanztes Beet, mehrere *Kompartimente* bilden ein *Quartier (quarreau),* die Einheit mehrerer Quartiere ist schließlich ein *Parterre.* De Serres favorisiert Buchs zur Einfassung der Beete, weil auch *Topiari* – Pyramiden, Säulen oder Tiere – geschnitten werden können. Er besucht die Gärten von Fontainebleau, Saint-Germain-en-Laye, Blois, den *Jardin des Tuileries* und den *Jardin du Luxembourg,* um über die Anlage und die Ornamentierung der Beete zu berichten.

Heckenlabyrinthe und Irrgärten werden beliebt. Berühmt werden unter anderem die Labyrinthe in den Gärten von Chatsworth und Hampton Court oder in *Glendurgan Garden* in England, | 1820: GNADEN DER WILDNIS II im Garten der Villa d'Este in Italien sowie im Kreuzgang des Monasterio de San Lorenzo, Santiago de Compostela in Spanien.

1610: GARTENPARTERRE In diesem Jahr wird der französische König Henri IV. ermordet. Seine Witwe, Maria de' Medici (1575–1642), flüchtet sich aus dem Louvre auf die andere Seite der Seine und kauft von François de Luxembourg ein Terrain, auf dem sie ein Schloss und den *Jardin du Luxembourg* errichten lässt. Vorbild ist zuerst der 1549 begonnene *Giardino di Boboli* in Florenz, doch weil das Gelände nicht in Terrassen umgewandelt werden kann, ist schließlich der einzige «toskanische Aspekt» die große Allee, die nicht in der Mittelachse des Schlosses, sondern quer dazu verläuft. Jacques Boyceau de la Barauderie

Verwirrende Geometrie:
Labyrinth in den *Herrenhäuser Gärten,* Hannover, Deutschland, 1937 nach einem Plan aus dem Jahr 1674 angelegt. Der Entwurf geht vermutlich auf den in Deutschland tätigen französischen Barockgärtner Henri Pérronet (?–1690) zurück.

Wasser für die Brunnen des Königs: Die *Machine de Marly,*
mit der Wasser von der Seine in den Schlosspark von Versailles geleitet wurde.
Gemälde von Pierre-Denis Martin (1663–1742) aus dem Jahr 1722

(1560–1633), der Gartenkünstler von Henri IV. und Louis XIII., entwirft 1612 ein *Parterre,* dessen Buchsornamente das Akanthusblatt als Grundmotiv haben.

1613: BAROCK André Le Nôtre (1613–1700) kommt als Sohn einer berühmten Gärtnerfamilie in Paris zur Welt. Sein Vater ist für den *Jardin des Tuileries* zuständig, eine Arbeit, die Le Nôtre von ihm übernehmen wird. Er studiert zuerst Malerei und Architektur und wendet sich dann der Gartengestaltung zu, die zum ersten Mal mit den Künsten gleichgestellt ist. Sein erster eigenständiger Auftrag für einen Garten ist die Anlage von Vaux-le-Vicomte bei Melun, die unter ungeheurem Personal- und Kostenaufwand entsteht und für die drei Dörfer beseitigt worden sein sollen. Diese Anlage, 1661 mit einem pompösen Fest eröffnet, begründet Le Nôtres Ruhm und verschafft ihm ab 1662 die Aufgabe, für Louis XIV. den Park von Versailles zu gestalten. Ein unwirtliches Sumpfgebiet wird in eine atemberaubende Gartenanlage verwandelt, deren symmetrische Achsen bis zum Horizont ausstrahlen, deren *Parterres* und *Bosketts* – Lustwäldchen in geometrisch gestalteten barocken Gartenanlagen –, deren Gartensäle, Skulpturen, Brunnen und der spiegelnde Grand Canal in ganz Europa und Russland nachgeahmt werden. Die Anlage gehört heute zum Unesco-Weltkulturerbe. Für die Brunnen wird mit der *Machine de Marly* 1684 eine immense Pumpstation eingerichtet, die Wasser aus der Seine über ein Aquädukt zu den Brunnen leitet, wobei der Wasserdruck nicht ausreicht, alle Brunnen gleichzeitig spritzen zu lassen. Der *Fontainier* dirigiert deshalb das Wasser so, dass immer nur die Brunnen im Blickfeld des Königs laufen. Le Nôtres Gärten sind der Inbegriff barocker Gartenkunst und ein Symbol für die absolutistische Machtpolitik: Wer auf diesen Wegen geht, wird irgendwann zum Zentrum geführt. Le Nôtre entwirft auch Anlagen für die Schlösser Trianon, Saint Cloud, Marly-le-Roi, Meudon oder Fontainebleau. Die planerische Klarheit, die perspektivische Dramatik und der Abwechslungsreichtum machen sie auch zu spektakulären Orten für Gartenfeste. Louis XIV. höchstpersönlich verfasst zwischen 1689 und 1705 in sechs Versionen den Gartenführer *La manière de montrer les jardins de Versailles,* in dem die Sehenswürdigkeiten zu einem Rundgang zusammengestellt sind. Zudem lässt er den Jagdpavillon im Park mit Gehegen zu einem kleinen

Zoo ausbauen. Und: *Topiari,* die Kunst des Baumschnitts, erreicht einen Höhepunkt. Kugeln, Pyramiden, Kuben, Säulen und komplexe Kombinationen aus diesen Formen schmücken die Gärten in Versailles. Louis XIV. soll gar als *Topiari*-Baum auf einem Kostümball erschienen sein.

Man beginnt, Jagdschlösser mit einem sternförmigen Wegsystem zu umgeben, dem *Étoile,* wobei die strahlenförmigen Alleen oder Heckenwege vom Schloss weg potenziell ins Unendliche führen. Die Übersichtlichkeit der Wege dient zwar der Hetzjagd mit Hunden und Pferden, entspricht aber auch dem absolutistischen Herrschaftsgedanken mit einem Zentrum. Diese Gestaltungsart in Achsen oder Strahlen und einem zweiten Ring von Gebäuden wird bis Ende des 18. Jahrhunderts fortgeführt.

1620: KULTURTRANSFER V Inspiriert von ausgedehnten Italienreisen, Sebastiano Serlios *Parterre*-Entwürfen und Francesco Colonnas *Hypnerotomachia* (1499 in Italien publiziert) entwirft der französische Gartenkünstler und Ingenieur Salomon de Caus (1576–1626) eine riesige Gartenanlage im deutschen Heidelberg, den *Hortus Palatinus.* Dieser beeinflusst neben dem um 1611 entstandenen *Leonberger Pomeranzengarten* von Heinrich Schickhardt (1558–1635) die Entwicklung der deutschen Barockgärten entscheidend. Heute existiert lediglich noch eine Kopie der Skulptur *Vater Rhein* und ein Ölgemälde von Jacques Fouquières (1580–1659), das den Garten zeigt. De Caus ist durch seine Reisen und Aufträge auch in Belgien und England ein Vermittler italienischer Gartenkunst. Derweil beginnen deutsche und österreichische Adlige oder gebildete Bürger, die auf ihrer «Grand Tour» durch Italien die Gartenkultur als Teil der humanistischen Bildung kennenlernen, nördlich der Alpen italienisch inspirierte Gärten anzulegen. Zwei Vorbilder dürften der Barockgarten der Villa Garzoni in Collodi, 1633 bis 1692 angelegt, und die Gartenanlage auf der Isola Bella im Lago Maggiore sein, wo der Conte Carlo Borromeo und seine Söhne ab 1632 eine ganze Insel in einen schiffsartigen Palast mit Terrassengärten verwandeln.

1625: KOMPONIERTE WILDNIS Der englische Philosoph und Staatsmann Francis Bacon (1561–1626) veröffentlicht seinen Essay *On Gardens.* Er empfiehlt darin nicht nur, für jeden Monat des Jahres diejenigen Pflanzen zu setzen, die «jeweils die höchste Schönheit entfalten»,

Inbegriff barocker Gartenkunst: *Vue du château de Versailles en 1668,* Gemälde des französischen Landschaftsmalers Pierre Patel (1605–1676)

Schwimmender Garten: *Isola Bella im Lago Maggiore* (1819), Gemälde des Schweizer Malers Mathias Gabriel Lory (1784–1846)

sondern er beschreibt auch einen Idealgarten, der aus einem geometrisch gestalteten und einem «wilden» Teil besteht, der jedoch sorgfältig komponiert ist: «Die wirklich fürstlichen Gärten (...) müssen einen Flächenraum von nicht unter dreißig Morgen Landes einnehmen und in drei Abteilungen geteilt sein: eine Rasenfläche am Eingang, eine Heide oder Wildnis im Hintergrund und in der Mitte der Hauptgarten, außerdem Alleen zu beiden Seiten.» Wichtig ist ihm auch die Wirkung auf alle Sinne: «Weil aber der Blütenduft in der Luft, wo er wie flutende Musik hin und her zieht, weit lieblicher ist als in der Hand, so kann man sich diesen Genuss leicht verschaffen, wenn man diejenigen Blumen und Pflanzen kennen lernt, welche die Luft mit den köstlichsten Wohlgerüchen erfüllen.» Das gefüllte, weiße Veilchen etwa, die Moschusrose, Nelken, Lindenblüten, das Geißblatt duften intensiv, und Erdbeerblätter verströmen «im Absterben den köstlichsten, herzhaftesten Duft».

1628: GRABGARTEN IV Der deutsche Renaissance-Baumeister und Gartenarchitekt Joseph Furttenbach (1591–1667) erwähnt in seiner stilbildenden Schrift *Architectura civilis* einen Friedhof als Garten. Der Friedhof bezeichnet ursprünglich einen eingefriedeten Raum, Vorhof eines Hauses oder einer Kirche. Geweiht wird dieser Raum zur Begräbnisstätte, einem Ort des Friedens. Dass Friedhöfe ein Teil der Gartengestaltung werden, etabliert sich allerdings erst im Lauf des 18. Jahrhunderts, als sich auch die ursprünglich in Amerika verbreiteten *Lawn Cemeteries* in England durchsetzen. Blumen gelten vielerorts als zu heiter, die Gestaltung soll den feierlichen Charakter des Orts betonen. Trotzdem wird nicht selten bereits bei der Planung städtischer Friedhöfe die Umnutzung in einen öffentlichen Park mitgedacht, wie das 1825 vom deutschen Architekten Johann Michael Voit (1771–1846) publizierte Buch *Über die Anlegung und Umwandlung der Gottesäcker in heitere Ruhegärten der Abgeschiedenen* demonstriert. Heute sind Friedhöfe in größeren Städten nicht nur Orte der Ruhe, sondern «grüne Lungen» für die von Lärm und Abgas geplagte Bevölkerung.

1637: SPEKULATION In den Niederlanden bricht der Markt für Tulpenzwiebeln in einem Börsencrash zusammen. Die schon länger anhaltende Leidenschaft für die aus dem nahöstlichen und asiatischen

Tulpenhysterie und Börsencrash: *Parisian Option* (Colorprint, 2007)
aus der Fotoserie *Bullish on Bulbs* des Schweizer Künstlers Rémy Markowitsch.
Das Bild basiert auf einer durchleuchteten Buchseite, das heißt,
auf der Überlagerung der Motive auf Vorder- und Rückseite.

Raum eingeführten, seltenen und deshalb heiß begehrten Tulpen führt zu einer immer wilderen Spekulation mit den Knollen. Die Preise und der reale Wert stehen bald nicht mehr in einem gesunden Verhältnis: 1636 soll eine Zwiebel etwa den Wert eines neuen Wagens mit zwei Pferden samt Zaumzeug erreicht haben, und für ganz seltene Exemplare sollen nach heutiger Rechnung bis zu 50000 Euro bezahlt worden sein. Immer mehr Leute – vom Knecht bis zum Adligen – investieren ihr Geld, weil sie sich schnelle Gewinne erhoffen. Doch als die Ersten aussteigen, um sich ihren Gewinn zu sichern, lösen sie eine derartige Verkaufspanik aus, dass die Spekulationsblase platzt und der gesamte Handel zusammenbricht. Der Schweizer Künstler Rémy Markowitsch (*1957) nimmt mit seiner Fotoserie *Bullish on Bulbs* (2007) die damalige Tulpenobsession und den Börsencrash auf und setzt ihn in Bezug zur Gegenwart: «Bullish» bezeichnet in der heutigen Börsensprache die Stimmung bei steigenden Kursen. Seine verführerischen Tulpenbilder *American Option* oder *Parisian Option* stehen für die anhaltende Gier nach schnellem Gewinn – und für mögliches Scheitern.

NACH 1648: BAUMSCHULE Nach dem Ende des Dreißigjährigen Kriegs beginnt man in Europa, Wälder durch Setzlinge zu verjüngen; der exzessive Holzverbrauch im Mittelalter ist schmerzhaft spürbar geworden. Zum einen werden bestimmte Baumarten als Baumaterial herangezogen, zum anderen soll die Wiederaufforstung der Austrocknung und Erosion entgegenwirken. Die ersten systematisch betriebenen *Baumschulen* entstehen am Rand von Parkanlagen bei Adelshäusern, wo zudem Obstbäume und Buchs oder Eiben gezogen werden, die sich für *Topiari* eignen.

Um 1900 gilt die vom Gärtner und Botaniker Franz Ludwig Späth (1839–1913) vor den Toren Berlins gegründete *Baumschule Späth* als größtes Arboretum der Welt; um 1930 sind rund 4000 Baumarten aufgeführt. Nach starken Schäden des Geländes im Zweiten Weltkrieg und der Überführung des Privatbesitzes in DDR-Volkseigentum 1947 gehört das *Späth-Arboretum* heute zur Humboldt-Universität zu Berlin. Aus den *Baumschulen* und Gärtnereien entwickeln sich die Gartencenter, die von der Astschere bis zum Zwiebelpflanzer alles anbieten, was das Herz der Hobbygärtner begehrt. Auch der Versandhandel mit Samen, Blumenzwiebeln, Werkzeugen und Gartenmöbeln boomt ungebrochen. | 1742: IMPORT II

AB 1650: ORANGERIE Die Sehnsucht nach südlichen Landschaften und dem Duft von Orangen- und Zitronenblüten lässt die ersten *Orangerien* entstehen. Zuerst wird der Begriff nur für den Standort verwendet, wo im Sommer Orangen- und Zitronenbäume, Hibiskus oder Granatapfelbäume in Kübeln aufgestellt werden. Dann beginnt man, für die frostempfindlichen Pflanzen auch Gewächshäuser zu bauen, die im Sommer leer stehen und als Festsäle genutzt werden. Der französische Physiker und Ingenieur Salomon de Caus (1576–1626) berichtet schon um 1620 von einem «Pomeranzenhaus» im *Heidelberger Schlossgarten*. In dieser *Orangerie* werden nicht nur Zitrusfrüchte kultiviert, sondern auch Myrte, Lorbeer, Oleander oder Rosen gezogen. Zudem entsteht eine eigentliche Wissenschaft des Vermehrens, Umtopfens und Veredelns. Bedeutende *Orangerien* sind der Zwinger in Dresden, das Untere Belvedere in Wien oder die *Orangerie* in Kassel.

1652: BRODERIE *Le théâtre des plans et jardinages* des französischen Gartenarchitekten Claude Mollet (1563–1650) erscheint posthum. Die Dynastie königlicher Gärtner beginnt mit seinem Vater Jacques und wird von seinem Sohn André fortgeführt, der in Schweden für Königin Christine von Schweden (1626–1689) arbeitet und dort das Buch *Le jardin de plaisir* verfasst. Auf Claude Mollet gehen die *Compartiments en broderie* zurück, Zierbeete, die wie Stickerei wirken. Er arbeitet im *Jardin des Tuileries,* in Versailles, Fontainebleau oder Saint-Germain-en-Laye, wo er nach Vorgaben von André Le Nôtre vorgegangen sein soll. Der Hugenotte Daniel Marot (1661–1752) flieht 1685 aus Frankreich nach Holland. Mit seinen *Parterres en broderies* aus verschiedenen Kiesen und kunstvoll zurechtgestutzten Buchs-Arabesken verleiht er dem königlichen Park *Het Loo* bei Apeldoorn barocken Charme und macht ihn zu einem der bedeutendsten Gärten Europas. Als Wilhelm III. von Oranien-Nassau (1650–1702) und Prinzessin Mary II. (1662–1694) 1689 König und Königin von England werden, sind sie wohl eine von vielen Quellen für den Einfluss holländischer Gartenkunst in England. Die im 19. und 20. Jahrhundert in *Het Loo* vorgenommenen Umgestaltungen werden von 1970 bis 1984 rückgängig gemacht und die achsensymmetrische Anlage nach dem Gartenplan aus der Zeit um 1700 rekonstruiert.

Wie Zierstickerei: Gartenparterre im königlichen Schlosspark von Het Loo, Apeldoorn, Holland

1664: INSPIRATION V Jean-Baptiste Lully (1632–1687), in Italien geborener Komponist und Tänzer, der am Hof von Louis XIV. eine glanzvolle Karriere macht, komponiert für eine Freiluftaufführung im Park von Schloss Versailles das Stück *Les plaisirs de l'île enchantée (Die Freuden der Zauberinsel);* Textautor ist Molière (1622–1673). Die Ballettkomödie wird zum Großerfolg, und so werden weitere Lully-Molière-Kooperationen wie *Le mariage forcé* oder *La princesse d'Elide* aufgeführt, die beide von geheimen amourösen Treffen in Grotten und Tempeln erzählen und von den königlichen Gärten inspiriert sind. Nach den Freiluftaufführungen dürften die Gärtner jedoch tagelang damit beschäftigt gewesen sein, die durch die vielen begeisterten Gäste angerichtete Verwüstung der Beete, Rasen und Wege aufzuräumen.

1680: WISSENSCHAFT II Die deutsche Naturforscherin und Blumenmalerin Maria Sibylla Merian (1647–1717) veröffentlicht das *Neue Blumenbuch,* das ab 1675 zuerst in drei Einzelbänden erscheint. Sie ist nicht nur eine äußerst präzise Aquarelliererin, sondern kennt sich auch in Drucktechniken aus, weshalb sie ihre Studien in Buchform selbst herausgeben kann. Von 1699 bis 1701 unternimmt sie eine Forschungsexpedition nach Surinam (Südamerika), wo sie Insekten und Pflanzen studiert und malt. Sie veröffentlicht die Ergebnisse ihrer Beobachtungen 1705 in *Metamorphosis insectorum Surinamensium.*

1689: TOPIARI II Der französische Gärtner Guillaume Beaumont (1650–1729), der von 1680 bis 1727 in England tätig ist, legt 1689 bis 1712 den Garten des Herrenhauses Levens Hall in der englischen Grafschaft Cumbria an. Ab Mitte des 18. Jahrhunderts kommt *Topiari* etwas aus der Mode, der Garten von Levens Hall überlebt dennoch und wird in den Jahren 1810 bis 1862 von Alexander Forbes renoviert. Noch heute sind die teilweise über 300 Jahre alten, in geometrische Formen geschnittenen oder Schachfiguren nachgebildeten Eiben, die Buchenhecken und die gestutzten Buchsbäume ein herausragendes Beispiel für die Kunst des *Topiari.* Die amerikanische Gartenarchitektin Martha Schwartz (*1950) wird den Formschnitt im Dachgarten des Whitehead Institute for Biomedical Research, Cambridge, Massachusetts, zitieren – diese *Topiari* allerdings sind aus Plastik. | 1980: INSTANT GARDEN

Spirale, Kugel, Kegel: *Topiari* im *Viktorianischen Garten* von Levens Hall, Kendal, Cumbria, England

1715: AMPHITHEATER III Rund um das palladianische Claremont House bei Esher in der englischen Grafschaft Surrey beginnen die Arbeiten am *Claremont Landscape Garden.* Seit 1949 im Besitz des National Trust, | 1895: GRÖSSTER GARTENBESITZER steht der großartige Park für die Denk- und Gestaltungsweise so wichtiger Parkgestalter wie Charles Bridgeman, Lancelot «Capability» Brown (1716–1783) und William Kent (1685–1748). Das Zentrum des Parks bildet ein Amphitheater mit Blick über den See. Dort versammelten sich beim jährlich stattfindenden Gartenfest Claremont Fête champêtre die kostümierten Menschen, um Konzerte zu hören, Theateraufführungen und Feuerwerke zu erleben.

1728: WIEDERENTDECKUNG DER ANTIKE II In England erscheint Robert Castells (?–1729) Buch *The Villas of the Ancients Illustrated,* in dem die Villen und Gärten Plinius' des Jüngeren | 97 BIS 107: AUSSICHT rekonstruiert dargestellt sind. Das Buch spiegelt die erneute Wiederentdeckung der Antike und die Bedeutung der klassisch-römischen Kultur für den englischen Gartenbau.

1729: KLOSTERGARTEN II UND LANDSCHAFTSPARK II Nach einem Brand werden die Gebäude und Gärten des Benediktinerklosters Engelberg neu angelegt und dabei vergrößert. Die Mönche bauen außerhalb des Klosters einen Fischteich, ein Lusthaus mit Terrasse und Kegelbahn und Spazierwege: Ihr Bewusstsein für die Schönheit der Umgebung transformiert die Landschaft in einen Landschaftspark, in der Schweiz damals einmalig. Wie in vielen anderen Klöstern werden heute in der Klostergärtnerei Gemüse, Kräuter und Blumen für den Eigenbedarf, Setzlinge und Topfpflanzen für den Verkauf gezogen.

1735: GNADEN DER WILDNIS I William Kent übernimmt die Gestaltung des Gartens von Stowe House in der englischen Grafschaft Buckinghamshire. Der «Feind der Geraden», wie der Maler, Architekt und Gartenarchitekt auch genannt wird, gestaltet diesen Garten als malerisch-idyllisches Naturbild und setzt damit neue Maßstäbe. Es gibt lose verteilte Baumgruppen auf weiten Rasenflächen, ein kleines Tal mit Tempelchen im palladianischen Stil als *Elysian Field* und einen *Aha* (auch *Ah-Ah* oder *Ha-Ha*), einen vom Garten aus unsichtbaren – und

Wiederentdeckung der Antike: die palladianische Brücke im Park von Stowe House nordöstlich von Oxford, England. Stowe war nie nur ein Garten, sondern steht für (politische) Ideen und ist voller Anspielungen auf die griechische Mythologie.

Ausblick in die landwirtschaftlich genutzte Landschaft und die «wilde» Natur:
Im *Pashley Manor Garden,* Sussex, England, hindert
ein Graben oder «Aha» die Schafe daran, in den Garten einzudringen.

deshalb überraschenden: Ah! – Graben. Dieser dehnt den Garten optisch in die landwirtschaftlich genutzte Umgebung aus, hindert Kühe und Schafe jedoch daran, einzudringen. Später bilden auch künstliche Ruinen typische Elemente des englischen Landschaftsparks. England hat sich zum politisch liberalsten Land Europas entwickelt: Industrielle Revolution, bürgerliche Freiheit, Bildung und die gleichzeitige Sehnsucht nach Natur, Erhabenheit, Empfindsamkeit sowie Dramatik romantisieren die Gärten. William Kent gestaltet 1738 Charles Bridgemans Landschaftsgarten von Rousham House in der Grafschaft Oxfordshire um – bereits da gilt er als einer der schönsten Gärten seiner Zeit. Spazierend erleben die Besucher den Park als Folge von bühnenbildartigen Szenerien.

Nicht nur der Philosoph und Dichter Jean-Jacques Rousseau (1712–1778) will zurück zur innigen Verbundenheit mit der Natur, auch der Naturphilosoph Earl of Shaftesbury (1671–1713) hat schon von den «Gnaden der Wildnis» gesprochen, womit er großen Einfluss auf die Gartenge staltung in England hat. Der Dichter Alexander Pope (1688–1744) schließlich veröffentlicht zusammen mit Joseph Addison (1672–1719) im *Spectator* Artikel über Gartenplanung und erschafft sich selbst in Twickenham an der Themse einen legendären «wilden» Garten ohne geometrische Gestaltung. Auf Alexander Popes Einfluss geht auch die «Wildnis» zurück, die in einem Teil des großen, zwischen 1734 und 1764 angelegten Landschaftsparks *Prior Park* bei Bath inszeniert ist. Der Unternehmer und Philanthrop Ralph Allen (1694–1764) schuf den Park mit seinen sanft ansteigenden Rasenhängen, einer Grotte, dem See und der palladianischen Brücke vermutlich nach Ratschlägen von Lancelot «Capability» Brown.

1742: IMPORT II Der deutsche Komponist Georg Friedrich Telemann (1681–1767) legt ein Pflanzenverzeichnis seines Gartens an, den *Garten= Vorrabt.* Zu den rund 70 aufgelisteten Pflanzen zählen Tulpen, Hyazinthen, Narzissen, Glockenblumen, Nelken, Pfingstrosen, Kapuzinerkresse oder Kornblumen; Telemann ist besonders von Pfingstrosen fasziniert. Seine «Bluhmen-Liebe» lässt ihn umfangreiche Recherchen nach neuen und exotischen Pflanzen anstellen. Er nimmt mit berühmten Botanikern wie dem Schweizer Albrecht von Haller (1708–1777) Kontakt auf und mit gartenbegeisterten Musikern wie Johann Georg Pisendel (1687–1755) am

Dresdner Hof, Georg Friedrich Händel (1685–1759) in London oder Carl Philipp Emanuel Bach (1714–1788) in Berlin. | 1749: INSPIRATION VI Von Haller schickt ihm seltene Samen, Pisendel exotische Kakteen und Aloen. Zudem studiert Telemann die Versandkataloge des damals bekannten, vom Gärtner Johann Ernst Probst (?–1782) geführten *Caspar Bosischen Gartens* in Leipzig.

1747: RUINE Im *Hagley Park* beim palladianischen Herrenhaus Hagley Hall in der englischen Grafschaft Worcestershire errichtet der Neogotik-Architekt und Landschaftsarchitekt Sanderson Miller (1716–1780) eine künstliche Burgruine. Mit dem allgemeinen Interesse an der Antike und Archäologie einhergehend, wird es Mode, bei der Ausstattung der großen Parks der Ruinenromantik zu frönen und allerlei Burg-, Abtei- oder Säulentrümmer als Motive des Vergänglichen und Erhabenen ins Gartenbild zu setzen. So auch im *Strawberry Hill Park* um Horace Walpoles (1717–1797) Villa in Twickenham bei London, wo der Hausherr eine gotische Ruine, eine palladianische Brücke und eine chinesische Pagode bauen lässt. Weitere Schein-Ruinen entstehen 1748 unter anderem im Park von Schloss Sanssouci in Potsdam und 1790 mit der sogenannten Löwenburg im *Schlosspark Wilhelmshöhe* in Kassel.

1749: INSPIRATION VI Im Londoner *Green Park* findet Georg Friedrich Händels *Music for the Royal Fireworks* Uraufführung statt – mit riesigem Orchester, aber noch ohne die von Händel gewünschten Streicher. 57 Musiker – 24 Oboen, zwölf Fagotte, neun Hörner, neun Trompeten, drei Paar Kesselpauken – spielen an der öffentlichen Generalprobe vom 21. April 1749 in *Vauxhall Gardens,* 12 000 Zuschauer versuchen, der Musik zu lauschen; es kommt zu einem Stau auf der London Bridge. Bis 1974, als der amerikanische Komponist Leonard Bernstein (1918–1990) an einem Freiluftkonzert im New Yorker *Central Park* mit den New Yorker Philharmonikern Sinfonien von Gustav Mahler (1860–1911) spielt, bleibt Händels *Feuerwerksmusik* das wohl größte Gartenkonzert der Geschichte. Ob Claude Debussys (1862–1918) Klavierstück *Jardins sous la pluie,* das vom Garten der Villa Medici in Rom inspiriert ist, oder Olivier Messiaens (1908–1992) *Jardin du sommeil d'amour,* ob Blaskappellen, die in Pavillons aufspielen, oder Akkordeonspieler und Sänger mit Gitarre, die an Sonntagnachmittagen in den Volksparks auftreten: Musik wird für Gärten und Gartenfeste komponiert, Gärten regen zu Kompositionen an, und man vermutet, dass Pflanzen bei bestimmten Klängen besser wachsen.

1741 BIS 1780: INSPIRATION VII Der Bankier Henry Hoare II. (1705–1785) lässt mit *Stourhead Garden* in der Grafschaft Wiltshire einen der herausragendsten englischen Landschaftsparks anlegen. Um den See im Zentrum des Parks führen Wege die Spaziergänger durch die abwechslungsreich angelegte Kunstlandschaft. *Views* – Landschaftsansichten wie Gemälde – erfüllen den Geist mit Ruhe und Inspiration. Zahlreiche Verweise auf die klassisch griechische und italienische Kultur wie das Pantheon, den Apollo-Tempel und eine palladianische Brücke lassen die Gartenbesucher sich in einem neu geschaffenen Arkadien wähnen. Großen Einfluss haben Gemälde von Claude Lorrain (1600– 1682) und Nicolas Poussin (1594–1665), welche die römische und griechische Landschaft romantisierten, oder die wilden Landschaften von Salvatore Rosa (1615–1673). Mode ist außerdem das *Claude-Glas,* ein runder, getönter und konvex gewölbter Spiegel. Man hält ihn sich so vor Augen, dass man die Landschaft hinter seinem Rücken sehen kann: Sie erscheint im Spiegel wie eine arkadische Landschaft Claude Lorrains. Diese Wahrnehmung prägt die Gartengestaltung maßgeblich: Baumgruppen und Büsche, Seen und Wege werden mit Bewusstsein für den Raum, für Tiefe und Farben, Vorder- und Hintergrund, kurz: wie Bilder inszeniert.

In *Stourhead* wie in vielen anderen südenglischen Landschaftsparks – etwa in *Lanhydrock House and Garden* in Cornwall – blühen ab Mai riesige Rhododendren, Azaleen und Magnolien, die ab Mitte des 19. Jahrhunderts aus Nordamerika eingeführt worden sind. Ameisengleich kann man sich durch Tunnel bewegen, die ins Astwerk der Rhododendren geschnitten sind. Auf einem Spaziergang um den See und über die sanften Hügel erlebt man sowohl statische als auch dynamische Momente: Ausruhend hat man die Sicht in den Raum, die wie ein Bild funktioniert, gehend erlebt man eine Bild- und Raumfolge. Im englischen Landschaftspark kommen Malerei und Gartenkunst, Kultur und Natur, Ruhe, geistige Kontemplation und physische Bewegung zu einem Gesamtkunstwerk zusammen.

Englischer Landschaftspark schlechthin: *Stourhead Garden,*
Stourton, Wessex, England, mit palladianischer Brücke und Pantheon

Auch in den japanischen *Wandelgärten,* die schon ab dem 13. Jahrhundert beliebt sind, folgt man einem sorgfältig angelegten Pfad und wird von abwechslungsreichen Perspektiven erfrischt: Diese Views folgen aufeinander wie Landschaftsszenen auf einer langen Bildrolle.

AB 1750: FREIHEITSSYMBOL UND INSPIRATION VIII
Marie-Antoinette (1755–1793), Gattin von König Louis XVI., lässt um das im Park von Versailles gebaute Schlösschen Petit Trianon einen Landschaftspark nach englischem Vorbild anlegen: Der *Petit Parc* ist die bedeutendste Anlage dieser Art in Frankreich. 2005 muss Marie-Antoinettes Lieblingsbaum, eine Eiche mit einem Stammdurchmesser von 5 Metern, gefällt werden. Auf der Basis Rousseau'scher Philosophie verbreitet sich die Idee des englischen Landschaftsgartens weiter auf dem Kontinent: Zwar bewusst gestaltet, doch nicht geometrisch-hierarchisch starr, entspricht dieser Gartentyp dem Bedürfnis nach mehr «Natürlichkeit» und spiegelt die sozialen und politischen Umwälzungen wider. Obwohl die großen Parks nach wie vor von reichen Aristokraten angelegt werden, wendet der neue Gartentyp des englischen Landschaftsparks sich gegen die absolutistische Machtsymbolik des (französischen) Barockgartens und ist so auch ein anti-aristokratisches Freiheitssymbol.

Weitere bedeutende französische Landschaftsgärten sind die *Jardins d'Ermenonville,* zwischen 1763 und 1776 entstanden, der von 1774 bis 1782 mit gotischen Ruinen, Tempeln und *Chinoiserien* gestaltete Garten *Désert de Retz* bei Yvelines und der *Parc Monceau.* 1785 bis 1788 vom schottischen Gartenarchitekten Thomas Blaikie (1751–1838) im englischen Stil umgestaltet, ist der *Parc Monceau* heute eine populäre grüne Oase mitten in Paris. Weil der Naturforscher und Schriftsteller Jean-Jacques Rousseau in Ermenonville 1778 starb, wird dessen südlicher Teil heute *Parc Jean-Jacques-Rousseau* genannt.

1752: ZOOLOGISCHER GARTEN Der österreichische Kaiser Franz I. begründet im Park von Schloss Schönbrunn den *Tiergarten.* Neben der *Ménagerie du Jardin des Plantes* in Paris (1793) gilt er als ältester, noch bestehender Zoo; ab 1778 ist er der Öffentlichkeit zugänglich. Zwar belegen archäologische Funde in Oberägypten die Haltung von Elefanten und Wildkatzen schon um 3500 v. Chr. Zoologische Gärten im heutigen

Palast für Palmen: *The Tropical House, Kew Gardens,*
Gemälde von Thomas Greenhalgh, 1884

Sinn – parkartige Anlagen mit Gehegen für Tiere – entwickeln sich jedoch ab dem ausgehenden 18. Jahrhundert: Zurschaustellung und Erforschung der Tiere finden zusammen, wobei mit künstlichen Bergen und Felslandschaften – wie etwa im 1866 eröffneten Zoo von Budapest – durchaus spektakuläre Landschaften kreiert sind. Heute versuchen die Zoos, für die Tiere möglichst natürliche Lebensräume nachzubilden, in denen sie sich im Dickicht der Pflanzen auch vor den Besuchern verstecken können.

1759: WISSENSCHAFT III UND GEWÄCHSHAUS I Die *Royal Botanic Gardens* werden in der einstigen Sommerresidenz der königlichen Familie in Kew im Südwesten Londons angelegt und 1761 mit einer der architektonisch bedeutendsten *Orangerien* jener Zeit ergänzt. Die heute weltberühmten, zum Unesco-Weltkulturerbe gehörenden Gärten bieten auf einer Fläche von 121 Hektar und in den imposanten Treibhäusern – dem *Palm House,* dem *Waterlily House* oder dem *Temperate House* mit Pflanzen aus Südafrika, Amerika, Asien und der größten in einem Gewächshaus gezogenen Honigpalme der Welt – eine einmalige botanische Vielfalt. Seit 2005 ist zudem ein Gewächshaus für Pflanzen aus dem Hochgebirge offen, das *Davies Alpine House.*

AB 1764: LANDSCHAFTSPARK III Lancelot «Capability» Brown, der zuerst mit William Kent in den *Stowe Landscape Gardens* arbeitet, wird der meistbeschäftigte Gartengestalter Englands. Seinen Spitznamen erhält er, weil er noch im schwierigsten Gelände Gestaltungsideen hat. Die Umgestaltung des Gartens von Blenheim Palace in der englischen Grafschaft Oxfordshire hält ihn zehn Jahre lang in Atem: Ab 1764 ersetzt er den barocken Garten durch Rasen, staut den Fluss Glyme und legt einen Damm und zwei Seen mit geschwungenen Uferlinien an. Auf Brown geht die Etablierung der *Clumps* (Klumpen) zurück, einzelne Bäume oder Baumgruppen, die als Blickfänge in offene Rasenflächen gesetzt sind. Er soll in England nahezu 300 Parks gestaltet und einen Auftrag aus dem Ausland mit der Begründung abgelehnt haben, er habe «England noch nicht beendet». Um 1760 beginnt er etwa, auch den von George London (um 1650–1714) und Henry Wise (1653–1738) realisierten, französisch geprägten Garten von Chatsworth House in der Grafschaft

Baumgruppen auf offenen Rasenflächen: *Clumps* im *Woodland Garden* von Antony House, Torpoint, Cornwall, England

Derbyshire als Landschaftspark umzugestalten und zu erweitern, staut auch hier einen Fluss zum See, lässt eine palladianische Brücke bauen und verbindet so die Parkanlage mit ihrem barocken Kern harmonisch mit der Umgebung des Anwesens.

1776: GARTENPLANUNG Lancelot «Capability» Brown und der Gartenarchitekt Humphry Repton (1752–1818) entwerfen gemeinsam den riesigen Landschaftsgarten *Sheffield Park* in der Grafschaft Sussex mit einer ganzen Reihe von Seen. Repton wird durch seine *Red Books* bekannt: In rotes Leder gebundene Bücher aquarelliert er für seine Auftraggeber nach dem Vorher-nachher-Prinzip Ansichten des bestehenden und des neuen Gartens; Schieber und Klappen veranschaulichen zusätzlich seine Pläne. Die Kombination von Gärten im Tudorstil, nach mittelalterlichem Vorbild in der Nähe des Hauses und mit einem Landschaftspark rundherum, macht Schule, und Reptons Schriften beeinflussen später deutsche Gartenarchitekten wie Fürst Pückler-Muskau.
| 1834: LANDSCHAFTSPARK V

Humphry Repton gestaltet um 1800 auch den *Russel Square Garden* in London Bloomsbury. Umzäunte *Garden Squares* finden sich bis heute in ganz London: Manche sind öffentlich, manche privat, und die Anwohner haben einen Schlüssel zu den kleinen Parkanlagen in der Mitte ihres Gevierts aus Hausreihen und Straßen. Noch gegen Ende des 18. Jahrhunderts graste in vielen *Garden Squares* – etwa auf dem Leicester Square – Vieh, und man legte Wäsche zum Trocknen über die Büsche. Heute sind es grüne Oasen.

1777/1778: ARKADIEN II Der Dichter Johann Wolfgang von Goethe (1749–1832) begeistert sich neben vielen anderen Themen auch für Gartenbau. Unterstützt von seinem Auftraggeber Herzog Karl August von Sachsen-Weimar (1757–1828), entwirft er den *Park an der Ilm,* eine arkadische Ideallandschaft rund um das Flüsschen Ilm; es ist sein größtes Gartenbauprojekt.

1779: GARTENTIPPS IV Der *Planters Guide* des Gärtners James Meader erscheint in London. Das Handbuch listet zahlreiche Baumarten auf und macht Vorschläge für die Bepflanzung eines Gartens. Der Apotheker und Botaniker William Curtis (1746–1799) bringt 1787 die Zeitschrift *Botanical Magazine* heraus, sie erscheint einmal monatlich und enthält jeweils drei handgefärbte Stiche mit neuen Züchtungen. 1822 folgt die Gartenzeitschrift *Encyclopedia of Gardening* des Gartentheoretikers und Schriftstellers John Claudius Loudon (1783–1843), der auch maßgeblich an der Entwicklung von gläsernen Treibhäusern beteiligt ist, 1826 sein *Gardener's Magazine,* mit dem er den Intellekt und Charakter der Gartenliebhaber fördern will. Ab 1850 sind *Gardener's Chronicle, Journal of the Horticultural Society of London* oder *Cottage Gardener* erhältlich.

Mit dem Erstarken des Bürgertums in Europa und dem Bau von Bürgerhäusern und Villen wächst auch das Interesse an der Gestaltung des eigenen Gartens, was sich in einem Boom von Ratgeberliteratur mit Praxisbezug niederschlägt. Mehrere Bücher zeugen davon, etwa Carl Hampels (1849–1930) *Hundert kleine Gärten. Plan, Beschreibung und Bepflanzung, entworfen und bearbeitet für Gärtner, Baumeister und Villenbesitzer,* 1894 in Berlin erschienen, oder Herrmann Jägers (1815–1890) *Ideenmagazin zur zweckmäßigen Anlegung und Ausstattung geschmackvoller Hausgärten und anderer kleiner Gartenanlagen,* 1845 in Weimar publiziert. Auch heute gehören Zeitschriften über Gartengestaltung zu den krisenresistenten Printmedien. | 1968: GARTENTIPPS V

1779 BIS 1785: VOLKSPARK III Christian Cay Lorenz Hirschfeld (1742–1792), deutscher Philosoph und Gartentheoretiker, veröffentlicht seine fünfbändige *Theorie der Gartenkunst.* Es ist das erste umfassende, deutschsprachige Gartenregelwerk. Hirschfelds Gedanken zur Ästhetik des *Volksparks,* der zur Erholung und Bildung der urbanen Bevölkerung dienen soll, beeinflussen die Entwicklung dieses Gartentyps entscheidend.

1790: LANDSCHAFTSPARK IV UND KÜNSTLICHER BERG II Der von Fürst Leopold Friedrich Franz von Anhalt-Dessau (1740–1817) in Auftrag gegebene Landschaftsgarten *Wörlitzer Park* ist kurz nach seiner Fertigstellung schon eine Sehenswürdigkeit; er gilt als erster englischer Garten in Kontinentaleuropa. Der an *Stourhead* oder *Stowe* orientierte Park gehört zu den schönsten Landschaftsgärten Mitteleuropas und zählt seit 2000 zum Unesco-Weltkulturerbe. Der Fürst versuchte, einen Gelehrtenstaat aufzubauen, lud Maler, Dichter und Philosophen ein und richtete

Zwischen Aufklärung und Romantik: Rousseau-Insel im *Wörlitzer Park*, Deutschland. Sie wurde – wie andere Rousseau-Inseln auch – der Grabstätte von Jean-Jacques Rousseau auf der *Île des peupliers* (Pappelinsel) im *Jardin d'Ermenonville*, Frankreich, nachgestaltet.

unter anderem eine Fachbibliothek für Gartengestaltung ein. Er sah in seinem Garten das ästhetische Zentrum eines aufgeklärten Staats. Inmitten des Wörlitzer Sees liegt die *Rousseau-Insel,* und entlang des Ufers spazierend entdeckt man ein *Nymphäum,* es gibt einen tempelähnlichen Pavillon, ein Amphitheater und das Gotische Haus. Die Kombination von klassizistischer, neogotischer und neoromanischer Architektur wird durch den Garten zu einem Ganzen verbunden. Im Sommer 2005 wird nach langer Pause und aufwendiger Renovation der 1794 auf der künstlichen Felseninsel *Stein* installierte *Vesuv von Wörlitz* wieder in Betrieb genommen: Von Zeit zu Zeit lässt man ihn mit Feuerwerk, bengalischem Feuer, Rauch und Donnergrollen «ausbrechen», im Sommer 2007 auch mit einer «schreckbaren Explosion» des Schweizer Künstlers Roman Signer.

1794: INSPIRATION IX Der englische Dichter und Maler William Blake (1757–1827) veröffentlicht das Gedicht *The Garden of Love* als Teil des Gedichtzyklus *Songs of Innocence and Experience.* Blake thematisiert die Natürlichkeit der sexuellen Liebe, indem er den seelischen Wandel vom Kind zum erfahrenen Erwachsenen und die kirchliche Moral als Unterdrückung sexueller Freuden schildert. Der Garten oder schlicht das Grün der Umgebung ist das Symbol für unschuldige, paradiesische Naturverbundenheit: «Ich ging in den Garten der Liebe / Und sah, was ich niemals geschaut: / Eine Kapelle war, wo im Grünen / Als Kind ich einst spielte, gebaut. / Und die Pforten waren verschlossen, / und *Du sollst nicht* stand über der Tür; / So wandte ich mich zum Garten / Und suchte nach Blumen wie früh'r. / Statt Blumen fand ich dort Gräber / Und Grabsteine um sie herum / Gingen Priester in Scharen in schwarzen Talaren, / Die spießten mit Stangen mein Glück und Verlangen.» Der Garten als Sinnbild für die Utopie eines paradiesischen Zustands oder als Kulisse für die Gefühle und die seelische Verfassung der Protagonisten ist ein wiederkehrendes Motiv in der Literatur bis heute.

1799: VOLKSPARK IV Nach ausgedehnten Studienreisen durch Frankreich und England, wo er unter anderem Lancelot «Capability» Brown kennenlernt, gestaltet Friedrich Ludwig von Sckell (1750–1823) im Auftrag des Kurfürsten den *Englischen Garten* in München zum Volks-

Export des englischen Landschaftsparks: der *Englische Garten* in München, Deutschland

garten um. Dieses Projekt leitet die Planung städtischer, das heißt öffentlich zugänglicher Grünanlagen ein. Sckell meinte, sein Park solle «zum traulichen und geselligen Umgang und zur Annäherung aller Stände dienen, die sich hier im Schoße der schönen Natur begegnen». In vielen Volksparks werden zudem Pavillons gebaut, in denen am Sonntag Musikkapellen aufspielen: Marsch-, Tanz- oder Operettenmusik ist beliebt.

UM 1800: EXZENTRIKER Der romantische Park von Fonthill Abbey, einem neogotischen, halb abtei-, halb burgartigen Landschloss im südenglischen Wiltshire, ist so exzentrisch wie sein immens reicher Hausherr William Beckford (1759–1844), der sich dort vor den Hetzkampagnen gegen seine Homosexualität versteckt. Umgeben von einer 3 Meter hohen und 12 Kilometer langen Mauer, lässt er eine kontrollierte Wildnis wachsen, in der die Tiere Schutz vor der Jagd genießen. Beckfords Agenten kaufen große Bäume, Sträucher und Pflanzen aus den Kolonien ein, und in einem Brief an seine Mutter rühmt er sich, innerhalb eines Jahrs «mehr als eine Million Bäume in den Boden gebracht zu haben». 1822 kommt Fonthill Abbey bei Christie's in London für 330 000 Pfund Sterling (heute knapp 10 Millionen Pfund) unter den Hammer, 1825 stürzt der Hauptturm ein. Heute ist der Garten eine Ruine, die Kapelle und der Lancaster-Turm können besichtigt werden. Joseph Mallord William Turner (1775–1851), der 1799 in Fonthill Abbey weilte, malte die Ansicht von Fonthill von einem Steinbruch aus.

UM 1800: ALPINUM I Einer der ersten, der in England ein *Alpine* oder *Alpinum* (Alpengarten) anlegt, ist der Schotte Alexander Nasmyth (1758–1840). Der Gartenarchitekt des deutschen Klassizismus, Peter Joseph Lenné (1789–1866), ergänzt sodann den Schlossgarten von Sanssouci in Potsdam um ein *Alpinum*. 1870 propagiert auch der irische Gärtner und Gartenjournalist William Robinson (1838–1935), der die Zeitschrift *The Wild Garden* herausgibt, in seinem Buch *Alpine Flowers for Gardens* die Kreierung von Steingärten mit Alpenblumen in England. Im Lauf des 19. Jahrhunderts nimmt die (englische) Begeisterung für die Alpen stetig zu, ja die Schweiz und die alpine Flora bekommen Kultcharakter, und *Swiss Gardens* werden auch an Orten angelegt, die für die alpinen Pflanzen wenig geeignet sind. | 1880: ALPINUM II

Schutz für Pflanzen, Tiere und Landschaft:
der 1914 gegründete *Schweizerische Nationalpark*, Zernez im Engadin

1804: ROYAL HORTICULTURAL SOCIETY UND GARTENSCHAU I Sir Joseph Banks (1743–1820) und John Wedgwood (1766–1844) gründen in London die London Horticultural Society, 1861 durch Prinz Albert (1819–1861) zur Royal Horticultural Society (RHS) erhoben. Die RHS fördert und pflegt das Wissen über Pflanzen und Gartenkultur, führt Gartenschauen durch, von denen die Chelsea Flower Show und die Hampton Court Flower Show sowie die Tatton Park Flower Show weltberühmt sind. Ebenso besitzt sie die vier Gärten *Wisley* in Surrey, *Rosemoor* in Devon, *Hyde Hall* in Essex und *Harlow Carr* in North Yorkshire und führt die Lindley Library, die auf der Bibliothek des Botanikers John Lindley (1799–1865) aufgebaut ist.

1810: NATIONALPARK Der englische Dichter William Wordsworth (1770–1850) fordert die Schaffung eines Nationalparks, eines Gebiets also, in dem Pflanzen und Tiere vor dem Menschen geschützt sind. Die Idee, außergewöhnlich schöne Naturlandschaften für die Nachwelt zu bewahren, wird 1832 auch vom amerikanischen Maler George Catlin (1796–1872) und 1880 vom schwedischen Freiherr Adolf Erik von Nordenskiöld (1832–1901) verfolgt. Der erste Nationalpark Europas wird deshalb 1909 in Schweden eröffnet, 1914 folgt ein Nationalpark in der Schweiz. In den USA wird der amerikanische Landschaftsfotograf Ansel Adams (1902–1984) mit seinen Schwarz-Weiß-Aufnahmen, welche die unberührte, atemberaubend schöne Natur in den Nationalparks vermitteln, zum bedeutenden Förderer. Heute gibt es in rund 120 Ländern mindestens 2200 Nationalparks, in denen die verschiedensten Landschaftsarten, die Fauna und Flora geschützt sind. Berühmt sind etwa der *Yellowstone National Park* (1872) und der *Yosemite National Park* (1890) in den USA, der *Serengeti National Park* (1951) in Tansania oder der *Parque National Galápagos* in Ecuador (1959).

1820: GNADEN DER WILDNIS II IMPORT III Der Reeder Alfred Fox (1794–1874) und seine Frau Sarah kaufen in der Nähe von Durgan, Cornwall, ein Cottage und beginnen, in einem kleinen Tal einen wahrhaft paradiesischen Garten anzulegen; sie geben dem Garten den Namen *Glendurgan,* was aus dem Namen des Orts und dem Namen ihres ersten Hunds Glen zusammengesetzt ist. Das Tal, in dem *Glendurgan*

Ungefährliche Wildnis, seltenes Mikroklima:
Die Gärten *Trebah* oder *Glendurgan*, Falmouth, Cornwall, England,
mit ihren ursprünglich in subtropischem Klima
gedeihenden Pflanzen

西神苑
平安神宮が創建された明治二十八年に
中神苑とともに造られた。
白虎池を中心とした庭は、池の西側に
出島・北側には、神苑唯一の滝があり
西南の築山には茶席「澄心亭」がある。
初夏を彩る池畔の花菖蒲は、特に有名
である。（約二百種類・約二千株植栽）

TIM
TIM

angelegt ist, fällt zum Helford River ab, der seinerseits nicht weit entfernt ins Meer mündet, und besitzt durch den Golfstrom und die geschützte Lage eine seltene Naturkuriosität: ein beinahe subtropisches Mikroklima. Die Foxes haben über die Reederei Beziehungen zu Afrika und Asien und lassen sich durch ihre Kapitäne Pflanzen und Samen mitbringen, die in diesem für England außergewöhnlichen Klima bestens gedeihen. So wachsen Baumfarne und Palmen; Sarah Fox' Zitronen-, Orangen- und Apfelbäume, die sie zu einem Früchtegarten gruppiert hat, existieren heute allerdings nicht mehr. 1833 pflanzen sie einen Irrgarten aus Lorbeerbüschen.

Glendurgan ist ein kontrolliert wachsender, von der romantischen Vorstellung vom schönen Wilden beeinflusster Dschungelwald aus importierten Pflanzen. Unter den gewaltigen Rhododendren oder dem Bambus spazierend, kann man sich der Kontemplation widmen, ohne fürchten zu müssen, von einem Löwen gefressen zu werden: Die Wildnis ist von ihrem Schrecken befreit. Hier gedeihen Magnolien und Kamelien, es gibt Zypressen, Zedern und Pinien, Wasserlilien und Iris, und in der Tiefe des Tals wächst das Mammutblatt mit seinen riesigen Blättern. Im von der Bibel inspirierten Teil des Gartens, dem *Holy Corner*, wachsen ein Olivenbaum, ein Dornenbusch, eine Eibe und ein Judasbaum. Neben *Glendurgan* haben die ebenfalls in Cornwall gelegenen Gärten *Trebah* und *Trengwainton* sowie die *Tresco Abbey Gardens* auf den Isles of Scilly eine ähnlich üppige Vegetation.

1822: GARTENZWERGE John Claudius Loudon propagiert in seiner *Encyclopedia of Gardening* die Belebung des Gartens mit Gartenzwergen. | 1779: GARTENTIPPS IV Schon von 1744 bis 1750 erreicht die Produktion von Porzellangartenzwergen durch die Kaiserliche Hofmanufaktur Wien einen Höhepunkt. Sir Charles Edmund Isham (1819–1903) gilt jedoch als derjenige, der die Dekorierung des Gartens mit Zwergen, die nach dem Barock verschwunden waren, lanciert und in Mode gebracht hat. Die aus Märchen und Sagen stammenden Gnome und Erdmänner feiern als kitschige liebenswürdige Gesellen ein Comeback und sind bis heute in Vor- und Schrebergärten platziert, inzwischen vornehmlich aus Kunststoff. Als Gartenzwerg-Eldorado gilt der in der südenglischen Grafschaft Devon gelegene *The Gnome Reserve* and *Wild Flower Garden*, ein Garten mit rund 1000 Gartenzwergen.

1824: RESTAURIERUNG I Peter Joseph Lenné wird in Berlin zum Königlichen Gartendirektor ernannt. Er gestaltet die Gärten von Schloss Sanssouci, Charlottenhof und Klein-Glienicke in Potsdam in Landschaftsparks um – heute gehören sie zum Unesco-Weltkulturerbe – und verwandelt von 1833 bis 1840 den Berliner *Großen Tiergarten* in einen Landschaftspark. Lenné pflanzt im Park *Klein-Glienicke* rund 25 000 Bäume; die Arbeiten sind 1860 abgeschlossen. Doch wenige Jahre nach seinem Tod beginnt bereits der Verfall. Ab 1930 werden Straßen, die Potsdam mit Berlin verbinden, durch den Park gelegt, im Schloss später eine Jugendherberge eingerichtet. Erst 1979 besinnt man sich auf das Erbe und restauriert Schloss und Garten.

Gärten brauchen Menschen, die sie pflegen, sonst verschwindet ihr besonderer Geist, und jahrelange Arbeit ist nötig, um ihn wieder zum Leben zu erwecken: Für die amerikanische Dichterin Emily Dickinson (1830–1886) ist ihr Garten ihr persönliches Paradies und Quelle der Inspiration für Gedichte und Impressionen, die sich oft um Sterblichkeit und Sehnsucht nach Liebe drehen. Nach ihrem Tod vernachlässigt und schließlich 1938 durch einen Hurrikan zerstört, ist ihr Garten heute restauriert und Teil des Emily Dickinson Museums in Amherst, Massachusetts. Ebenso *The Lost Gardens of Heligan* in Cornwall: Ende des 19. Jahrhunderts auf dem Zenit seiner Schönheit, wird der Garten jahrzehntelang sich selbst überlassen; 1990 gibt ihm ein Sturm den Todesstoß. Doch Tim Smit (*1954) und eine Gruppe von Freiwilligen restaurieren *Heligan Garden* in zehnjähriger Knochenarbeit; der *Wall Garden*, der *Jungle* mit Palmen und Bambus, *The Lost Valley* und ein Ziergarten mit Grotte, Teichen und riesigen Rhododendren erstehen wieder auf.

1830: RASENMÄHER Der britische Textilingenieur Edwin Beard Budding (1795–1846) erfindet den Rasenmäher, 1832 wird er in *The Gardener's Magazine* vorgestellt. Der ideale Rasen, der dicht und von Wildkräutern und Blumen freigehalten sein soll, muss ständig gemäht werden, weshalb die großen *Tapis vert* oder *Pleasuregrounds* in den englischen Landschaftsgärten aufwendig mit der Sense gemäht werden: Im Park von Blenheim Palace sollen 50 Angestellte mit dem Mähen des Rasens beschäftigt gewesen sein. Auch die populärer werdenden Sportarten wie Tennis, Fußball oder Cricket benötigen große Rasenflächen.

Maschinelle Gartenarbeit:
Der erste Rasenmäher ist ein Spindelmäher.

Rationellere Mähmethoden sind also gefragt, als Budding in einer Weberei entdeckt, dass das Prinzip einer Maschine, die den fertigen Stoff an einer rotierenden Spindel mit Klingen vorbeiführt, um die vorstehenden Fasern abzuschneiden, auf das Schneiden von Gras übertragen werden kann. Der Spindelmäher wird ab 1836 von der englischen Firma Ransomes hergestellt, die 1902 auch den ersten motorisierten Rasenmäher auf den Markt bringt. Ab 1956 verkauft die deutsche Firma Solo einen Sichelmäher, dessen Prinzip sich auf dem Kontinent durchsetzt, während in England weiterhin Spindelmäher verbreitet bleiben. Das samstägliche Rasenmähen wird von Psychologen als erholsames Ritual nach einer strengen Arbeitswoche gesehen. Seit 1995 allerdings surren Roboterrasenmäher selbständig an jedem Wochentag in den Gärten herum.

1834: LANDSCHAFTSPARK V Das reich illustrierte Buch *Andeutungen über Landschaftsgärtnerei* von Fürst Hermann Ludwig Heinrich von Pückler-Muskau (1785–1871) erscheint in Stuttgart. In Muskau im heutigen Grenzgebiet von Deutschland und Polen verwandelt er die Landschaft samt Dörfern und der Stadt Muskau in einen riesigen Landschaftspark; der Park steht heute auf der Liste des Unesco-Weltkulturerbes. Selbst eine Brennerei, eine Wachsbleiche und ein Bergwerk gehören zur Inszenierung. Als er sich finanziell übernimmt und das Anwesen 1845 verkaufen muss, zieht er in sein Erbschloss Branitz bei Cottbus, wo er erneut beginnt, den vernachlässigten Garten in einen idyllischen Landschaftsgarten zu verwandeln; der *Fürst-Pückler-Park* entsteht. Er modelliert das Gelände um, legt einen *Pleasureground* an und schüttet die bergartige Landpyramide sowie die Seepyramide auf, die zur Begräbnisstätte für ihn und seine Frau werden soll; seit 2015 ist sie restauriert. Zudem pflanzt er rund 300 000 Bäume und eine Rosenlaube. Während er den dem Schloss nahe gelegenen Garten als «ausgedehnte Wohnung» bezeichnet, sieht er den Park als «zusammengezogene idealisierte Natur». In seinem Buch erklärt er zudem den Begriff «Pleasureground» so: «Dieser bedeutet ein an das Haus stoßendes, geschmücktes und eingezäuntes Terrain, von weit größerem Umfang als Gärten zu haben pflegen, gewissermaßen ein Mitteldlng, ein Verbindungsglied zwischen dem Park und den eigentlichen Gärten.» Als genialer Gestalter zweier der bedeutendsten Landschaftsparks in Deutschland geht der politisch liberale

Raum für privates Gartenglück und Lieferant von Obst,
Gemüse und Blumen: Schrebergarten, um 1900

Fürst, der ausgedehnte Reisen unternimmt und sich auch als Schriftsteller einen Namen macht, in die Geschichte der Gartenkultur ein.

Im Zweiten Weltkrieg wird in Muskau gekämpft, der Garten weitgehend zerstört und bei der Grenzziehung entlang der Neiße in einen polnischen und deutschen Teil geteilt; heute ist Muskau restauriert und verbindet noch immer grenzüberschreitend zwei Staaten miteinander.

AB 1844: SCHREBERGARTEN Der deutsche Arzt und Pädagoge Daniel Gottlieb Moritz Schreber (1808–1861) wird Leiter einer orthopädischen Heilanstalt. Er entwirft Spielplätze mit kleinen Gärten für Kinder und Erwachsene, aus denen sich durch seinen Schwiegersohn E. I. Hauschild 1864 die Schrebergärten-Vereine entwickeln. Die mit einem Schuppen versehenen Gartenparzellen liefern Gemüse, Früchte und Blumen und damit einen wertvollen Beitrag zur Versorgung. Heute als Klein- oder Familiengärten bezeichnet, sind sie für Leute ohne eigenen Garten auch ein Refugium für den Feierabend und das Wochenende. Das Klischee vom biederen, akkurat gepflegten und von kleinlichen Nachbarstreitereien heimgesuchten Garten, über dem in der Schweiz nicht selten die Nationalflagge im Wind flattert, ist inzwischen durch ein multikulturelles Nationengemisch und durch eine wachsende Anzahl Biogärtner aufgebrochen.

1848: VOLKSPARK V Der amerikanische Landschaftsgärtner und Herausgeber der Zeitschrift *The Horticulturist* Andrew J. Downing (1815–1852) reist nach Deutschland und ist vom *Englischen Garten* in München so beeindruckt, dass er den New Yorker *Central Park* anregt: «So rückständig die Deutschen in politischen Dingen im Allgemeinen sind, so fortschrittlich denken sie im Bereich öffentlicher Parkanlagen. Es liegt wirklich ein Stück Demokratie darin, das es wert wäre, in unserem so ausgesprochen demokratischen Staat nachgeahmt zu werden.» 1858 entwirft Frederick Law Olmsted (1822–1903) in Zusammenarbeit mit Calvert Vaux (1824–1895) New Yorks «grüne Lunge» mit Spazierwegen, Seen, stillen Bereichen und offenen Flächen – als scheinbar natürlichen Erholungsraum für den stadtgeplagten Menschen. In den industrialisierten und wachsenden Städten werden Grünflächen immer wichtiger: Nach der ästhetisch-repräsentativen wird nun auch die sozialhygienische und

Produktion für den eigenen Teller: Datscha mit Garten bei Olonets, einer Kleinstadt 300 Kilometer nordöstlich von St. Petersburg, Olonetsky-District, Russland

Nutzgarten für den Feierabend und am Wochenende:
Schrebergärten in Zürich-Wipkingen, Schweiz.
Auch *Kleingärten, Familiengärten* oder *Pünten* genannt.

Freiraum für Spaziergänge, Jogging-Runden und Picknicks:
Die *Kensington Gardens* und der daran anschließende *Hyde Park*, London, England

demokratische Funktion der Volksparks betont. Der *Tivoli Park* in Kopenhagen oder der *Prater* in Wien werden zwar als Landschaftsgärten konzipiert, wandeln sich dann jedoch teilweise in Vergnügungsparks mit Schießbuden, Karussells und Gaststätten. In Freizeitkomplexen wie dem *Europa-Park* im deutschen Rust (seit 1975) und dem *Disneyland Paris* (seit 1992) ist der Vergnügungsaspekt, im Technopark *Futuroscope* bei Poitiers in Frankreich (seit 1987) die technische Wunderwelt wichtiger als die Pflanzen.

Die Bedeutung der seit der Industrialisierung im 19. Jahrhundert angelegten Volksparks und Stadtgärten als Erholungs- und Begegnungsräume inmitten großer Städte darf nicht unterschätzt werden – das gilt noch mehr im 20. und 21. Jahrhundert. Ob kleine Grünflächen wie die Gemeinschaftsgärten, | 2009 URBAN GARDENING III botanische Gärten von Universitäten oder große «grüne Lungen» wie der *Hyde Park* und die *Kensington Gardens* in London, der *Bois de Boulogne* in Paris, das *Tempelhofer Feld* in Berlin oder der *Ueno-Park* in Tokio mit seinen Tempeln: Städtische Grünräume sind existenziell bedeutsam für Mensch und Natur. Sie ermöglichen Nistplätze für Vögel, Erdbaue für Füchse, Dachse oder Iltisse, sie bieten Steinmauern für Eidechsen, Wiesen für Grillen, und sie beherbergen zahlreiche Pflanzenarten, die für Bienen und Schmetterlinge lebenswichtig sind. Ein Netz von Grünflächen in der Stadt erhält beziehungsweise fördert die Biodiversität von Fauna und Flora und bietet auch dem Menschen schnell erreichbare Freiräume für ein Innehalten im teils hektischen Alltag.

UM 1850: GARTENGERÄTE UND GARTENMÖBEL Die Produktion von Gartengeräten und -möbeln wächst während des 19. Jahrhunderts boomartig. Die Werkzeuge, die bereits in prähistorischer Zeit ihre Vorläufer haben – Pflanzstöcke etwa –, sind von jeder Kultur verfeinert worden und haben sich so im Lauf der Jahrhunderte, und insbesondere seit der Renaissance, zunehmend für bestimmte Zwecke spezialisiert. Im 19. Jahrhundert setzt dann die Massenproduktion von Schaufeln, Hacken, Sägen, Sicheln, Scheren, Leitern und Körben ein und parallel dazu die Herstellung von Gartentischen und -stühlen, Schaukeln und Sonnenschirmen. Schon früh ist der Garten als sommerliches Wohnzimmer genutzt worden: Im Mittelalter sitzt man auf *Rasenbänken,* hat

Holzstühle und -tische, Letztere oft auch aus Stein und das ganze Jahr über im Garten aufgestellt. Im 19. Jahrhundert beginnt auch hier die Massenproduktion von gusseisernen, geflochtenen oder hölzernen Gartenmöbeln, auch von kleinen Pavillons und Lauben. Im 20. Jahrhundert setzen sich der Liegestuhl und Sonnenschirm durch, es werden Möbel aus Beton, Eternit und heute vor allem aus Kunststoff auf den Markt gebracht.

1851: GARTENSCHAU II Auf der Weltausstellung im Londoner *Hyde Park,* der Great Exhibition, sind im *Crystal Palace* erstmals Gärten ausgestellt. Ob heute die Chelsea Flower Show in London, für die schon ein halbes Jahr vorher die Tickets verkauft werden, die Tatton Park Flower Show und Hampton Court Flower Show in England, die Bundesgartenschau und die Internationale Gartenausstellung in Dresden, die Landesgartenschau Bad Oeynhausen / Löhne in Deutschland, das Gartenfestival Chaumont-sur-Loire in Frankreich oder die Grün 80 und die Giardina in der Schweiz: Temporäre, mit großem Aufwand für ein paar Tage angelegte Schaugärten, wo Züchtungen, exotische Pflanzen oder neue Gestaltungsideen inszeniert sind, sind ein wichtiger Teil der Gartenarchitektur und des Gartengeschäfts.

1859: KULTURTRANSFER VI – CHINOISERIE UND JAPONERIE Der *Tatton Park* nahe Manchester wird angelegt. Er besticht nicht nur durch die Terrassen im italienischen Stil, die große *Orangerie* und die Buchenalleen, sondern auch durch seinen um 1910 angelegten japanischen Garten mit Shinto-Tempel. Chinesische oder japanische Motive, wie man sie in den *Kew Gardens,* im *Englischen Garten* in München, im Park von Schloss Sanssouci oder mit dem Teehaus und einer japanischen Brücke im Garten von Heale House in der Grafschaft Wiltshire sehen kann, sind im 18. und 19. Jahrhunderts en vogue.

Aus der chinesischen Gartenkultur wächst ab dem 6. Jahrhundert die japanische Gartenkunst, wobei Malerei und Gartenkunst eng verbunden sind: So wie das Auge den Landschaftsdarstellungen auf einer langen Bildrolle folgen kann, so sollen auch Spaziergänger von einer inszenierten Landschaftssequenz zur nächsten finden und von *Views* überrascht werden. | 1741 BIS 1780: INSPIRATION VII

Die größte Blumenschau der Welt:
Stand an der Chelsea Flower Show, London, England

Sehnsucht nach dem fernen Osten: The Chinese Pagoda in *Kew Gardens,* 1762
nach Plänen des Architekten William Chambers (1723–1796) erbaut, ist knapp 50 Meter hoch,
wobei jedes Stockwerk 30 cm schmaler ist als dasjenige darunter.

Dass man in Europa von den chinesischen Gärten Kenntnis bekommt, ist zuerst den Berichten Marco Polos (um 1294–1324), später dann – und mit nachhaltiger Wirkung – den Kupferstichen des Missionars Matteo Ripa (1682–1746) zu verdanken. Ripa, der von 1711 bis 1723 als Maler und Kupferstecher am Hof des chinesischen Kaisers Kangxi (1654–1722) arbeitet, beeinflusst mit seinen Kupferstichen des Kaiserlichen Sommerpalasts die europäische Gartengestaltung maßgeblich. In der Folge werden chinesische und japanische Motive und Szenerien in europäischen Gärten nachempfunden: in einer Ecke des Parks als fernöstlich-exotischer Kosmos im Kleinformat mit künstlichem See, Hügel und ausgewählten Pflanzen, mit Laternen, Brücken und Pavillon sowie als kleine Moos-, Stein- und Wassergärten. Sie zeugen von der großen Bewunderung für die sowohl philosophisch wie künstlerisch und religiös äußerst vielschichtige Gartenkunst in China und Japan.

Der ab 1676 entstandene *Kenroku-en Garten* im japanischen Kanazawa etwa, der zu den drei bedeutendsten Gärten Japans zählt, ist ein prototypisches Beispiel. Er erfüllt alle Anforderungen an den perfekten Landschaftsgarten, wie sie der antike chinesische Dichter Li Gefei in seinen *Chroniken der berühmten Luoyang-Gärten* formuliert hat: Weitläufigkeit, Abgeschiedenheit, Kunstfertigkeit, Althergebrachtes, fließendes Wasser und Panoramablick sind die Begriffe, die er nennt; seit 1985 steht der Park auf der Liste *Besonders schöne Ansichten Japans (Tokubetsu meishō).* In Japan gibt es unzählige Gärten von höchster Gestaltungsqualität: Allein in Kioto sind es der *Kinkaku-ji* mit dem Goldenen Tempel (um 1400), der *Ginkaku-ji* mit dem Silbernen Tempel (1473), der *Ryoan-ji* mit seinem berühmten Steingarten (1450) oder der *Nanzen-ji* (um 1620). Kies, Fels, Wasser, Moos oder Baum – alles ist mit äußerster Sorgfalt komponiert, und auf den zahlreichen Pfaden zu gehen, ist trotz vieler einheimischer und internationaler Touristen gleichermaßen erholsam wie anregend, erfrischend wie beruhigend. Auch wer ihre Symbolsprache nicht entziffern kann, wird von den Farben und Formen, der Klarheit und friedlichen Stille ergriffen.

1867: BETON Der französische Gärtner Joseph Monier (1823–1906) lässt eine Betonmischung patentieren, mit der Gartenvasen und Pflanzkisten hergestellt werden können. Zuerst zur Herstellung von allerlei

Pracht und Harmonie: Garten mit Goldenem Pavillon oder *Kinkaku-ji,* Kioto, Japan. Der Name des 1397 erbauten Pavillons lautet eigentlich *Rokuon-ji* (Rehgarten-Tempel). Seit 1994 zählt die Anlage zum Unesco-Weltkulturerbe.

Gusssteinen verwendet, die möglichst nicht an Beton erinnern sollen, entwickelt sich Beton bis Mitte des 20. Jahrhunderts zu einem auch in seiner puren Form akzeptierten Gartenmaterial für Plattenwege, Mauern, Pergolen und Sitzbänke. Für Töpfe oder Pflanzkisten ist aber weiterhin Terrakotta bevorzugt, die heute auch gerne durch Kunststoff in sogenannter Terrakotta-Optik ersetzt wird.

1868: VOLKSPARK VI UND RESTAURIERUNG II Der Gründer der Schweizer Schuhfabrik Bally, Carl Franz Bally (1821–1899), beginnt, das sumpfige Land zwischen dem Fluss Aare und der Eisenbahnlinie Olten–Aarau trockenzulegen. Zuerst lässt Bally einen Kanal bauen, der das firmeneigene Kraftwerk antreibt, dann einen Landschaftspark im englischen Stil, der als Erholungsraum für die Arbeiterschaft und die lokale Bevölkerung dient. Zwischen 1888 und 1890 wird der Park erweitert: Mehrere Teiche und Wege kommen hinzu, auf denen die Besucher die Parklandschaft erkunden können. Wie in englischen Landschaftsgärten üblich gibt es einen Pavillon, eine Grotte und eine Kapelle sowie – als Besonderheit – einen Pfahlbau. Spazierend kommt man von einem Stimmungsbild zum nächsten, entdeckt Blickachsen und die Pflanzen, die Familienmitglieder von Reisen mitgebracht haben. Im 20. Jahrhundert über Jahrzehnte vernachlässigt, wird der *Bally-Park* ab den 1990er-Jahren restauriert, steht inzwischen unter Denkmalschutz und wird 2016 mit dem Schulthess-Gartenpreis | 2006: AUSZEICHNUNGEN ausgezeichnet.

1876: GEWÄCHSHAUS II In den *Königlichen Gewächshäusern* Laeken, den *Serres Royales de Laeken,* bei Brüssel weiht man den *Großen Wintergarten* ein. Die von Auguste Balat (1818–1895) entworfene, dreistöckige Kuppel hat einen Durchmesser von 57 Metern. Seit Architektur aus Stahl beziehungsweise Eisen und Glas für Bahnhofs- und Ausstellungshallen möglich ist, wachsen auch die Gewächshäuser zu palastartiger Größe an: Die Palmenhäuser in *Kew Gardens* entstehen bereits 1844 bis 1848, diejenigen im Schlossgarten Schönbrunn in Wien 1879 bis 1882. Joseph Paxton (1801–1865) hatte nicht nur den riesigen *Crystal Palace* entworfen, sondern auch als Obergärtner in Chatsworth 1836–1840 das stilbildende *Große Gewächshaus* gebaut. Dort schafft er es erstmals, die exotische Amazonas-Lilie in Europa zum Blühen zu bringen. Winter-

Überdachter madagassischer Regenwald: die *Masoala-Halle* im Zoo Zürich, Schweiz

gärten werden auch für Privathäuser Mode; man holt sich ein Stück «Natur» ins Haus oder dehnt umgekehrt das Wohnen in den Garten aus. 2001 wird das bisher größte Palmenhaus eröffnet, das *Eden Project* in Cornwall, wo ein tropischer Regenwald unter den futuristischen, transparenten Kuppeln inszeniert ist. Im Zoo Zürich öffnet 2003 die vom Liechtensteiner Landschaftsarchitekten Günther Vogt (*1957) konzipierte *Masoala-Halle* mit einem Regenwald ihre Türen.

1880: ALPINUM II Der Genfer Botaniker und Gärtner Henri Correvon (1854–1939) gründet mit Mitstreitern die Association pour la Protection des Plantes; die Organisation geht nach 25 Jahren im Schweizerischen Naturschutzbund auf. Der Grund: In der zweiten Hälfte des 19. Jahrhunderts entwickelt sich das Botanisieren zu einem so populären Hobby, dass bestimmte Pflanzen bald bedroht sind. Viele Engländer gehen auf «Plant Hunting» in den Schweizer Bergen und graben die Pflanzen kurzerhand aus, um sie zu Hause in ihren *Alpines* einzupflanzen. Da viele alpine Pflanzenarten den Ortswechsel nicht überstehen und deshalb noch einmal «gejagt» werden, ist beispielsweise schon um 1880 in der Schweiz das Edelweiß vom Aussterben bedroht. Der exzentrischste Alpengarten Englands ist *Friar Park* in Henley-on-Thames, Oxfordshire: Der Hochgebirgsexperte Sir Frank Crisp (1843–1919) lässt in den 1890er-Jahren fast 2500 verschiedene Alpenpflanzen setzen, einen Steingarten anlegen und ein Mini-Matterhorn samt Eishöhle bauen. Es ist, laut William Robinson, der beste Felsgarten der Zeit. Ab 1970 gehört *Friar Park* dem Beatles-Musiker George Harrison (1943–2001), der hier, inspiriert durch den Garten, unter anderem den Song *Ballad of Sir Frankie Crisp (Let It Roll)* komponiert.

UM 1880: URBAN GARDENING I Urbaner Gartenbau wird betrieben, seit es Städte gibt. Je verderblicher die Ware, je teurer die Transportkosten, desto attraktiver sind auch kleinste Anbauflächen in Städten. In Paris wird Ende des 19. Jahrhunderts etwa auf einem Sechstel der Stadtfläche Obst und Gemüse angebaut, die jährliche Ertragsmenge auf rund 100 000 Tonnen geschätzt.

1883: INSPIRATION X Der Maler Claude Monet (1840–1926) zieht nach Giverny, rund 70 Kilometer nordwestlich von Paris. Er legt seinen heute weltberühmten (Seerosen-)Garten an und kann in Ruhe die Wirkung von Blumen, Bäumen und Teichwasser in unterschiedlichen Lichtverhältnissen studieren. In seinen spätimpressionistischen Seerosen-Bildern ist der Garten die Inspiration und Ausgangslage für eigenständige malerische Bildwirklichkeiten. Seit Jahrzehnten ein Pilgerort für Touristen und millionenfach fotografiert, widmet der deutsche Fotokünstler Elger Esser (*1967) Monets Gartenparadies 2010 eine Fotoserie. Bei Mondlicht oder in der Dämmerung aufgenommen, verleihen die *Nocturnes à Giverny* dem Garten wieder eine neue Magie.

Dass selbst gezogene Pflanzen zum Ausgangsmaterial für die künstlerische Auseinandersetzung werden, beweisen auch Maler wie Max Liebermann (1847–1935) mit Gemälden von seinem Garten am Berliner Wannsee oder Adolf Dietrich (1877–1957), der im schweizerischen Berlingen immer wieder den Blick auf den Garten seines Nachbarn richtet. Auch der Schweizer Fotokünstler Thomas Flechtner (*1961) nimmt Samen, eigens gezogene Blumen und einen Gewürzgarten in den Cardamom Hills im indischen Kerala zum Ausgangspunkt für seine Serien *Germs* (2007–2013), *Blumen* (2003–2006) und die 85-teilige Fotoserie *Spicegarden* (2003). Diese ist in Patientenzimmern des Universitätsspitals Basel zu sehen. | 2009: GARTENTHERAPIE II

1885: MIXED BORDERS, IMPORT IV UND SCHWIMMENDER GARTEN II Der Gründer der Madeira Wine Company, John Blandy, kauft der Familie des Grafen von Carvalhal ein Grundstück mit Jagdschloss auf Madeira ab und beginnt den Garten *Quinta do Palheiro Ferreiro* anzulegen; über Generationen wird er gepflegt und insbesondere von Mildred Blandy (1905–1984) und Christina Blandy weiterentwickelt. Unter dem Einfluss des Gärtners und Gartenjournalisten William Robinson im «wilden Stil» angelegt, besticht der Garten durch seltene Pflanzen wie eine brasilianische Araukarie, durch südafrikanische Proteas, eine Kamelien- und Rosensammlung und die scheinbar natürliche Vielfalt in der Anordnung. Robinsons Bücher *The Wild Garden* (1870) und *The English Flower Garden* (1883) machen den *English Cottage Garden* und die *Mixed Herbaceous Borders* populär: Beete mit

Beet mit verschiedenen perennierenden, nach Farbe und Form ausgewählten Stauden.
Privatgarten, England

verschiedenen perennierenden, nach Farben und Gestalt raffiniert ausgewählten Stauden.

Die Insel Madeira, mitten im Atlantik auf den Handelsrouten zwischen Europa, Afrika, Asien und Amerika gelegen, wird nicht zufällig «der schwimmende Garten» genannt, ist sie doch damals schon lange ein (Zwischen-)Lager für exotische Pflanzen. Neben dem *Quinta do Palheiro Ferreiro* besitzt auch der *Jardim Botânico da Madeira* oberhalb der Hauptstadt Funchal, 1960 auf dem ehemaligen Anwesen der Familie William Reid angelegt, viele exotische Pflanzen und einen außergewöhnlichen Kakteengarten. Von beiden Gärten aus hat man eine großartige Aussicht auf Hauptstadt und Meer.

1888: GÄRTEN IM FILM Der französische Erfinder und Filmpionier Louis Le Prince (1842–1890) dreht mit einer selbst entwickelten Filmkamera die *Roundhay Garden Scene.* Das rund 2 Sekunden dauernde Filmfragment, das Menschen in einem Garten im Vorort von Leeds zeigt, gilt als früheste, erhaltene Sequenz der Filmgeschichte. Von der Gärtnerkomödie *L'arroseur arrosé* (1895) der Gebrüder Lumière über Jacques Tatis Steingarten in *Mon Oncle* (1958) und dem Tatort im Londoner Maryon Park aus Michelangelo Antonionis *Blow Up* (1966) bis zu Joe Wrights Jane-Austen-Verfilmung *Pride & Prejudice* (2005): Gärten sind nicht nur dekorative Hintergründe, sondern bedeutungsvolle Kulissen für Sehnsüchte und Ängste. Sie repräsentieren (Paradies-)Utopien ebenso wie die unheimliche Verwirrung im Dickicht des Lebens.

1895: GRÖSSTER GARTENBESITZER Drei philanthropische Viktorianer – die Sozialreformerin Octavia Hill (1838–1912), Sir Robert Hunter (1844–1913) und Canon Hardwicke Rawnsley (1851–1920) – gründen in England den National Trust for Places of Historic Interest or Natural Beauty. Sie wollen Gärten, Häuser und ganze Landschaften vor der Verschandelung durch Industrialisierung, Verkehr und Bautätigkeit schützen. Hundert Jahre später hat der National Trust 3 Millionen Mitglieder. Es gehören ihm 248 000 Hektar schützenswerte Landschaft in England, Wales und Irland, 600 Meilen Küste, über 200 historische Häuser und bedeutende Gärten. Die immense Aufgabe des National Trust wird nicht nur von Gönnern finanziell unterstützt, sondern auch durch Tausende

Kakteen im *Jardim Botânico da Madeira,* Funchal, Portugal

Hestercombe Gardens bei Taunton, England, besteht aus einem um 1750 angelegten Landschaftspark und dem von Gertrude Jekyll und Edwin Lutyens anfangs des 20. Jahrhunderts entworfenen *Viktorianischen Garten* mit Pergola und Orangerie.

von Freiwilligen, die in den Landhäusern, Gärten oder geschützten Landschaften unentgeltlich mitarbeiten.

UM 1900: GARTENSTADT Die Idee der Gartenstadt entsteht parallel in Deutschland und England; Sir Ebenezer Howards (1850–1928) *Garden Cities of Tomorrow* erscheint 1898 in London. Quartiere mit Reihenhäusern entstehen, die vor und hinter dem Haus je einen schmalen Garten haben. Ab 1906 wird in London beispielsweise die *Hampstead Garden Suburb* realisiert – ein besonders schönes und heute sehr begehrtes Gartenstadtviertel, in dem sich 2015 die Bewohner dazu entscheiden, wie bei Fußballspielen mit gelben und roten Karten gegen den Einsatz von lauten Rasenmähern und Laubbläsern vorzugehen. Gesundes Wohnen und Selbstversorgung ist ein zentraler Gedanke, der allerdings in der 1907 vom Mitbegründer des deutschen Werkbunds Hermann Muthesius (1861–1927) gebauten Gartenstadt Hellerau bei Dresden nicht wie geplant funktioniert, da die Häuser für Arbeiter zu teuer sind. Krupp stellt deshalb 1912 seinen Arbeitern in Essen-Margarethenhöhe eine Gartensiedlung zur Verfügung. 1982 wird anlässlich der internationalen Kunstausstellung documenta in Kassel die kostengünstige, ökologische Gartensiedlung *documenta urbana* verwirklicht.

Im Sinne einer Gartenstadt ist auch der *Parque Güell* in Barcelona gedacht. Der Architekt Antoni Gaudí i Cornet (1852–1926) plant um 1900 zuerst 60 Bauparzellen, einen Marktplatz und ein Freilichttheater; ein geschlängelter Weg führt durch das mit Pinien bepflanzte Areal. Es werden dann jedoch nur zwei Parzellen bebaut und die Anlage mit für ihn typischen, ornamental geschwungenen Mauern, die mit bunten Keramikscherben verziert sind, zu einem farbenfrohen Park ausgebaut.

1904: GARTENSCHULE Die Malerin Gertrude Jekyll (1843–1932) beschäftigt sich aufgrund ihres Interesses für den Schriftsteller John Ruskin (1819–1900), den Architekten William Morris (1834–1896) und die Arts-and-Crafts-Bewegung intensiv mit Gartenkunst. Um ihr Haus Munstead Wood in der südenglischen Grafschaft Surrey legt sie einen Garten an und dokumentiert diesen fotografisch. Sie arbeitet eng mit dem Architekten Edwin Lutyens (1869–1944) zusammen – etwa in Hestercombe, Somerset –, schreibt 14 Gartenbücher und unter anderem für

An und über der Baumgrenze: Blauer Eisenhut gedeiht wie Akelei, Glockenblume oder Astrantie im Garten und wild in alpiner Höhe.

die Zeitschrift *The Garden* über 2000 Artikel. Ihrem Einfluss ist die 1904 von Lady Frances Wolseley (1872–1936) gegründete erste Gartenschule für Frauen, die Glynde School for Lady Gardeners, zu verdanken, an der man eine professionelle Gärtnerausbildung machen kann. Das Studium der Gartenarchitektur ist erstmals 1929 in Berlin möglich.

Neben Jekyll ist Ellen Ann Willmott (1858–1934) eine prägende Gartengestalterin und die Verfasserin der Bücher *Warley Gardens in Spring and Summer* (1909) und *The Genus Rosa* (1910). Mit einem Erbe beginnt sie den Garten um ihr Elternhaus Warley Place zu gestalten, kauft in der Nähe von Aix-les-Bains in Frankreich ein Haus und 1905 ein weiteres bei Ventimiglia in Italien. Ihre Passion gehört jedoch der Sammlung und Kultivierung von Pflanzen, rund 100 000 verschiedene Arten soll sie zusammengetragen haben. 1897 wird ihr deshalb als zweiter Frau nach Jekyll die Victoria Medal of Honour der Royal Horticultural Society (RHS) verliehen, und ab 1905 gehört sie zu den ersten Frauen, die Mitglied der Linnean Society of London werden. Da sie ihr gesamtes Vermögen in ihre Gärten und Pflanzen steckt, stirbt sie hoch verschuldet. Frauen haben nicht nur über Jahrtausende die Nutz- und Blumengärten gepflegt, mit Gertrude Jekyll und Ellen Ann Willmott beginnt auch die Reihe von prägenden Gartengestalterinnen und -theoretikerinnen.

1907: ALPINUM III UND GARTENTHERAPIE I Beim Sanatorium für Tuberkulosekranke auf der Davoser Schatzalp in der Schweiz wird ein alpiner Garten angelegt, zuerst «Alpineum» genannt. Die Schönheit von Edelweiß, Enzian, Glockenblume und anderen Pflanzen soll die Kranken erfreuen und ihre Genesung unterstützen. In den 1950er-Jahren wird das Sanatorium in ein Hotel umgebaut, der Garten verwildert fast vollständig; von 1968 bis 1972 wird er jedoch restauriert beziehungsweise in einen botanischen Garten umgestaltet. Inzwischen sind zum Schatzalp-Wald mit Fichten, Lärchen, Föhren und Arven das restaurierte *Alte Alpinum* und das *Neue Alpinum* hinzugekommen: Rund 5000 verschiedene Alpenpflanzen aus der Schweiz, Neuseeland, China, Nepal, Tibet, den Pyrenäen und anderen Berggebieten gedeihen hier auf 1900 Metern über Meer.

Heute gibt es zahlreiche alpine oder arktisch-alpine Gärten, so etwa den 1880 angelegten *Jardin Alpin de Meyrin* und den 1923 bis 1967 geschaffenen alpinen botanischen Garten *Jardin Flore-Alpe* in Champex-Lac in der Schweiz, den *Tromsø Arctic-Alpine Botanical Garden* in Norwegen, den *Arctic Alpine Garden Kirovsk* bei Murmansk in Russland, den *Jardin botanique Alpin du Lautaret* in Frankreich oder den *Giardino Botanico Alpino Saussurea* in Italien.

1909: VOLKSPARK VII Der *Hamburger Stadtpark* wird eingeweiht. Der Gartenarchitekt Leberecht Migge (1881–1935) fordert eine Demokratisierung der Gartenkunst und Gärten, deren Gestaltung sich an den Bedürfnissen der Bevölkerung nach Erholung und Zerstreuung orientieren soll, wie es bereits Christian Cay Lorenz Hirschfeld entworfen hat; sozialhygienische Funktionen treten in den Vordergrund. | 1779 BIS 1785: VOLKSPARK III Um einen See mit geometrischer Grundform gibt es Wiesen, einen Wald und Blumenanlagen: Migge, der unter anderem mit dem deutschen Architekten Bruno Taut (1880–1938) zusammenarbeitet, steht bereits der Neuen Sachlichkeit und dem architektonischen Garten nahe und will sich mit sachlich strukturierten Gestaltungen vom romantischen Landschaftspark nach englischem Vorbild, von der viktorianischen Gartenkunst mit ihren dekorativen Elementen wie Gewächshäusern und vom Jugendstil absetzen. Die Wiederbelebung des geometrischen Gartens ist die folgerichtige Entwicklung, die allerdings romantische Motive nicht verdrängen wird. Gleichzeitig beginnt sich die Idee des *Naturgartens* zu etablieren, etwa durch Willy Lange (1864–1941), der 1907 in Leipzig das Buch *Die Gartengestaltung der Neuzeit* publiziert. Die Idee, einheimische Pflanzen zu verwenden, weist nicht nur auf die nationalistischen Ideologien, sondern auch auf die ökologischen Bewegungen voraus. | AB 1970: NUTZEN UND LUST IV

1911: INSPIRATION XI Das Kinderbuch *The Secret Garden* der englisch-amerikanischen Schriftstellerin Frances Hodgson Burnett (1849–1924) erscheint. Als Buch ein Großerfolg, mehrfach verfilmt und 1991 auch als Musical produziert, ist der titelgebende Garten vom verwilderten Garten von Great Maytham Hall im englischen Kent angeregt, wo Burnett von 1889–1907 lebte. 1910 wird der Garten vom Architekten Edwin Lutyens renoviert.

Auch für Virginia Woolf (1882–1941) ist der Garten ihres Cottage Monk's House in Rodmell ein Ort der Inspiration für ihr Schreiben; 1919 erscheint Woolfs Erzählband *Kew Gardens*. Sie vergleicht den Blumenteppich in ihrem Garten mit einem Stoff: «ganz und gar buntgescheckter Chintz: Astern, Zinnien, Nelkenwurz, Kapuzinerkresse und so weiter: alle leuchtend, aus Buntpapier geschnitten, steif, aufrecht, so wie Blumen sein müssen.» Da Rodmell in der Nähe von Sissinghurst Castle liegt, lernt Woolf Vita Sackville-West (1892–1962) kennen; die beiden Frauen verbindet zuerst eine Liebesbeziehung und später eine Freundschaft.

1913: AMPHITHEATER IV Der *Römische Garten* – auch *Römische Terrasse* genannt – mit Sicht auf die Elbe, vom Kaufmann Anton Julius Richter (1836–1909) in Hamburg angelegt, wird 1897 von der deutsch-jüdischen Bankierfamilie Warburg gekauft. Sie lässt den Garten ab 1913 durch ihre Obergärtnerin Else Hoffa (1885–1964) ausbauen: Rauschende Sommerfeste und Theateraufführungen finden statt. Hoffa ist die erste Frau Deutschlands, die als Obergärtnerin Karriere macht. Nach der Machtergreifung durch die Nationalsozialisten müssen sowohl die Familie wie Else Hoffa emigrieren; der Garten verfällt. 1951 vermachen die Warburgs den *Römischen Garten* der Stadt Hamburg. Anfang der 1990er-Jahre renoviert, finden heute wieder Aufführungen in der grünen Kulisse statt.

1918: PRIMÄR- UND SEKUNDÄRFARBEN Das Manifest der Künstlervereinigung De Stijl wird in der gleichnamigen Zeitschrift publiziert. Der Maler, Designer und Herausgeber der Zeitschrift, Theo van Doesburg (1883–1931), befasst sich auch mit Gartendesign, weil er Gärten als natürliche Erweiterung eines Hauses sieht. Nicht nur für eine Reihenhaussiedlung in der niederländischen Gemeinde Drachten (1921) schlägt er die Primärfarben Blau, Rot und Gelb für Türen oder Fensterrahmen vor, sondern auch für die Farbgestaltung der Gärten. Für die zum Wohnprojekt gehörende landwirtschaftliche Schule wählt er dagegen die Sekundärfarben Violett, Orange und Grün für Buntglasfenster, Innenräume und die geometrisch bepflanzten Gartenbeete. Er entwirft zudem eine vasenartige Gartenskulptur, die er sich auf grünem Rasen und mit gelben, blauen, roten und weißen Blumen bepflanzt vorstellt. Piet Mondrian (1872–1944), ebenfalls Mitglied von De Stijl, beschäftigt sich in

Grünes Amphitheater: *Römischer Garten* oder *Römische Terrasse*, Hamburg, Deutschland

seinen gegenständlichen Bildern zuerst mit Bäumen und Blumen, obwohl oder gerade weil ihn die Natur zutiefst aufgewühlt und gereizt haben soll: So hat er einmal seine Freunde Wassily Kandinsky (1866–1944), Hans Arp (1886–1966) und Ben Nicholson (1894–1982) gebeten, den Platz am Tisch wechseln zu dürfen, damit er nicht nach draußen sehen müsse. Mondrians abstrakte, in Primärfarben gemalte Bilder wie *Tableau 1, Komposition mit Rot, Schwarz, Blau und Gelb* (1921) haben dann allerdings großen Einfluss auf die Gestaltung von Blumenbeeten in Primärfarben und geometrischen Formen.

UM 1917: URBAN GARDENING II Während des Ersten Weltkriegs lanciert das kanadische Ministerium für Landwirtschaft unter dem Titel *A Vegetable Garden for Every Home* eine Kampagne zur Förderung städtischer Gemüsegärten; die Versorgung der Bevölkerung mit frischem Obst und Gemüse ist das Ziel. Die *Victory Gardens* oder *War Gardens* werden dann auch im Zweiten Weltkrieg weltweit an vielen Orten lebensnotwendig: Hinterhöfe, Vorgärten, Dachterrassen, Fußballfelder und sogar Bombenkrater verwandeln sich in Gemüsegärten. Im Zuge der sogenannten «Anbauschlacht» wird 1940 die Sechseläutenwiese in Zürich zum Acker. Die Kleinpflanztätigkeit in der Schweiz steigert den Ertrag zwar nicht in erhofftem Ausmaß, erfüllt jedoch als Teil der geistigen Landesverteidigung ihren Zweck und wird deshalb von allen politischen Lagern unterstützt.

In Kriegszeiten kann es sehr schwierig sein, Samen oder Setzlinge zu bekommen. In Syrien ist deshalb das Netzwerk *The 15th Garden* entstanden: Nach dem 15. März 2011 benannt, dem Beginn der Proteste gegen das Regime von Baschar al-Assad (*1965), verbindet es Gärtner in rund 17 belagerten und vom Krieg zerstörten Städten. Ziel ist der Austausch von Samen – sie werden unter anderem aus Deutschland, Frankreich oder Schweden gespendet und über den Libanon ins Land gebracht – und von Gartenbaukenntnissen. Gezogen werden vor allem Gurken, Tomaten oder Auberginen. | 2008: BIODIVERSITÄT

1923: HÄNGENDE GÄRTEN II Das Buch *Vers une architecture* der Architekten Le Corbusier (1887–1965) und seines Cousins Pierre Jeanneret (1896–1967) erscheint in Paris. Le Corbusier postuliert ein grundlegendes Recht auf «Sonne – Luft – Vegetation», geht aber davon aus, dass der moderne Mensch in Hochhäusern wohnt und Gärten wie eine Aussicht (und wie ein Bild!) passiv genießen will. Gebaut wird in die Vertikale, im Hochhaus sollen die Gärten übereinandergeschichtet werden, das heißt als Terrassen- und Dachgärten mit Pflanztrögen angelegt sein, wie in der 1929 bis 1931 gebauten Villa Savoye im französischen Poissy, und für Begrünung sorgen, ohne viel Arbeit zu machen.

1924: GARTENRÄUME NACH THEMEN Wilhelmina «Mien» Jacoba Ruys (1904–1999), Tochter eines Gärtners der Königlichen Moerheim Gärtnerei im niederländischen Dedemsvaart, legt ihren ersten Garten an. Im Lauf ihres Lebens erweitert die progressive Gartenarchitektin Dedemsvaart durch 25 Gärten, unter anderem durch den Wasser- (1954), Kräuter- (1957) und den Waldgarten (1987). Ihr erster Garten, der *Verwilderungsgarten* (1924), ist unter Apfelbäumen und rund um ein quadratisches Wasserbecken angelegt (renoviert 2001). Berühmt ist auch der nach englischem Vorbild gestaltete *Alte Versuchsgarten,* ein Staudengarten, dessen Weg aus verwitterten Betonplatten sie zur Entwicklung des Grionsteins inspiriert hat, einem Vorläufer der Waschbetonplatten.

1927/1928: LIEBE ZUR GEOMETRIE III Im französischen Hyères wird der aufsehenerregende geometrische Garten der Villa Noailles angelegt. Die Gestaltung von Gabriel Guévrékian (1900–1970) und Robert Mallet-Stevens (1886–1945) geht auf einen Entwurf Guévrékians zurück, der 1925 einen dreieckigen Garten mit dreieckigen Beeten vorstellt, die Tetraederkonstruktionen aus Farbglas umfassen. Der Garten der Villa Noailles hat die Form eines riesigen, dreieckigen Blumenkastens, wobei er in gleiche, vier- und dreieckige Module unterteilt ist. In jedem Pflanzkasten wachsen je nach Jahreszeit andere Gewächse, etwa Buchs oder Aloe in Kiesbeeten.

1930: GARTENRÄUME NACH FARBEN Die Schriftstellerin und Gärtnerin Vita Sackville-West beginnt, das verfallene Schloss und die «Brennnesselwüste» von Sissinghurst Castle im südenglischen Kent in einen – heute weltberühmten – Garten zu verwandeln. *The White Garden,* ein 1948 angelegter Gartenraum, in dem unter anderem mit

Dachgarten mit bildartiger Aussicht: Le Corbusiers Villa Savoye, 1929 bis 1931 erbaut, zählt seit 2016 zum Unesco-Weltkulturerbe.

weißen Rosen, Klematis, Glyzinien, Kosmeen und weißem Geißblatt eine reduzierte und überaus romantische Stimmung kreiert ist, wird als paradiesischer Sehnsuchtsort jährlich von Tausenden von Touristen auf-, ja heimgesucht. Neben Captain Lawrence Johnstons (1871–1958) Arts-and-Crafts-Garten, dem *Hidcote Manor Garden* in der Grafschaft Gloucestershire kann *Sissinghurst* als einer der einflussreichsten Gärten des 20. Jahrhunderts bezeichnet werden: Weltweit wird die Gestaltung von Gartenräumen nach Farben nachgeahmt. Sackville-Wests Gartenkolumne im *Observer* wird zur Kultlektüre und beeinflusst die Gartengestaltung entscheidend.

1935: INSZENIERTE NATUR Die *Hohle Gasse* im schweizerischen Küssnacht am Rigi, wo – nach Schiller – Wilhelm Tell den tyrannischen Landvogt Gessler mit einem Pfeilschuss getötet haben soll, wird nicht zufällig kurz vor Kriegsausbruch restauriert: Zur Rettung dieses Schauplatzes aus dem Gründungsmythos der Alten Eidgenossenschaft baut man eine Umfahrungsstraße und gestaltet den baumgesäumten und zwischen Findlingen verlaufenden Hohlweg im Sinn des Landschaftsgartens als bedeutsame Landschaft um.

1941/1942: ZÄSUR UND ZERSTÖRUNG Während des Zweiten Weltkriegs werden in den meisten europäischen Ländern auch viele Gärten und Parkanlagen schwer beschädigt. In der verschonten Schweiz hingegen kann mitten im Krieg – und vielleicht bezeichnend – auf dem Gelände der Waffen- und Werkzeugmaschinenfabrik Bührle in Zürich-Oerlikon eine Gartenanlage entstehen. Vom Schweizer Gartenarchitekten Gustav Ammann (1885–1955) entworfen und von der Belegschaft als kleiner Erholungsraum genutzt, erinnert der Park eher an einen Privatgarten als an einen öffentlichen Park.

Die Zeit des Kriegs bildet selbstredend eine Zäsur in der Realisierung von öffentlichen Gärten und Parks, und viele Werkbiografien von Gartenarchitekten weisen für diese Zeit eine Lücke auf. Eine Ausnahme ist die italienische Gartenarchitektin Maria Teresa Parpagliolo Shepard (1903–1974), die an der von Benito Mussolini in Rom geplanten Esposizione Universale 1942, der E42, mitarbeitet und zwischen 1938 und 1942 monumentale klassizistische Gartenanlagen entwirft. Parpagliolo, opportunistisch

Gartenräume nach Farben: *The White Garden* in Vita-Sackville-Wests Park von Sissinghurst Castle, Cranbrook, Kent, England

Garten im Geist der Landesausstellung von 1939: *Gustav-Ammann-Park*, Zürich, Schweiz

und politisch unreflektiert, ist an der deutschen Gartengestaltung der Zeit interessiert, bevorzugt aber einheimische italienische Pflanzenarten und entspricht damit der faschistisch-nationalistischen (Garten-) Kultur. Nach dem Krieg lebt sie in England, etabliert sich dort schnell und arbeitet unter anderem mit Sylvia Crowe (1901–1997) zusammen, einer der wichtigsten englischen Landschaftsarchitektinnen der Nachkriegszeit. Crowe machte sich einen Namen mit der Planung von New Towns, komplett neu geplanten Siedlungen; ihr 1958 publiziertes Buch *Garden Design* prägte die Gartengestaltung entscheidend.

Mit dem Wiederaufbau der Städte erlebt auch die Landschaftsarchitektur eine neue Blüte: Die Umgebung neuer Wohnbauten, Krankenhäuser, Schulen, Fabriken oder Bürogebäude wird begrünt, Gärten und Parks werden restauriert, ja die Schaffung neuer Gärten empfindet man als Teil des kulturellen Neubeginns. «Die jüngste Tradition der Gartengeschichte formiert sich gerade in Amerika (...)», schreibt Sylvia Crowe. «Sie zeugt von einer entfernten Abstammung vom englischen Landschaftsgarten und wird in der Pflanzenverwendung von den Stilen William Robinsons und Gertrude Jekylls überlagert. Ein starker japanischer Einfluss ist festzustellen, doch die Tendenz zu einem neuen und freien Gebrauch der Form ist auf den Impuls des Bauhauses zurückzuführen.»

1947: 1001 NACHT II Der französische Maler Jacques Majorelle (1886–1962) macht den *Jardin Majorelle* in Marrakesch der Öffentlichkeit zugänglich; das Erbe seines 1926 verstorbenen Vaters hatte ihm den Bau seiner Villa und des Gartens ermöglicht. Der *Jardin Majorelle* ist ein botanischer Garten mit Pflanzen aus allen fünf Kontinenten, vor allem Kakteen und Bougainvillea. 1980 wird der inzwischen verwilderte Garten vom Modedesigner Yves Saint Laurent (1936–2008) und seinem Lebens- und Geschäftspartner Pierre Bergé (*1930) gekauft und restauriert. Heute zieht der Garten im Zentrum Marrakeschs – es ist die letzte Ruhestätte Yves Saint Laurents – Tausende von Touristen aus aller Welt an.

AB 1950: GÄRTNER UND GARTENMUSEEN Die Berufsbezeichnung «Gartengestalter/in» beginnt sich zu «Gartenarchitekt/in» und dann zu «Landschaftsarchitekt/in» zu wandeln. Das Berufsbild des Gärtners – für jemanden, der im Garten arbeitet und botanische wie

Grüne Lunge: *Parque do Ibirapuera,* São Paulo, Brasilien

gestalterisch-praktische Kenntnisse hat – ist mit der Wiederentdeckung der Gartenkultur in der Renaissance definiert worden (wenngleich es vorher natürlich auch Gärtner und Gärtnerinnen gab), hat sich jedoch mit der zunehmenden Erforschung der Pflanzen in die drei Berufsgruppen Gartengestalter, Botaniker und Gärtner aufgeteilt. Der Gärtner wird trotz der harten Arbeit bei Wind und Wetter oft um seine Naturverbundenheit beneidet, in der Literatur ist er der skurrile Sonderling (Eichendorffs *Taugenichts*) oder Verführer (Lawrences *Lady Chatterley*), manchmal der Bock und (nicht) immer der Mörder. Die Gartengestaltung, im 17. Jahrhundert den anderen Künsten gleichgestellt, ist heute Teil der Landschaftsarchitektur. Im Jahr 2000 werden im Schloss Fantaisie in Bayreuth und 2002 in der Stiftung Schloss und Park Benrath in Düsseldorf Museen für Gartenkunst eröffnet.

1953: LIEBE ZUR GEOMETRIE IV Der finnische Architekt, Designer, Gartengestalter und Künstler Alvar Aalto (1898–1976) verwirklicht unter anderem in seinem Haus Villa Mairea im finnischen Noormarkku einen formal streng geometrischen Garten, wobei die Stilisierung und die Parallelisierung von architektonischen und pflanzlichen Formen zentral sind. Aalto hat einen wichtigen Einfluss auf die europäische, insbesondere die skandinavische Gartenarchitektur.

1954: VOLKSPARK VIII In São Paulo wird der *Parque do Ibirapuera* eröffnet. Von den brasilianischen Landschaftsarchitekten Roberto Burle Marx (1909–1994) und Otávio Teixeira Mendes (1907–1988) gestaltet, ist die Bedeutung des Stadtgartens für die Bevölkerung mit derjenigen des *Central Parks* in New York vergleichbar. Obgleich als Landschaftsarchitekt Autodidakt, zählt der Maler und Pflanzenkenner Roberto Burle Marx zu den wichtigsten Gartengestaltern überhaupt und hat dem Gartendesign mit seinen kurven- und wellenförmigen Anpflanzungen von üppiger brasilianischer Flora wichtige Impulse gegeben. Als kongenialer Partner der Architekten Lucio Costa (1902–1998), Le Corbusier und Oscar Niemeyer (1907–2012) gestaltet er zahlreiche Plätze, Gärten und Parks, so etwa die *Praça de Casa Forte* in Recife (1937), die Gärten der öffentlichen Gebäude in der Hauptstadt Brasilia (1965) oder die 4 Kilometer lange Strandpromenade an der Copacabana in Rio de Janeiro (1970). Ab

1949 betreibt Burle Marx südlich von Rio de Janeiro die *Sítio Santo Antonio da Bica,* eine Gärtnerei, wo er tropische Pflanzen für die Verwendung in Gärten zieht; 1985 vermacht er die Anlage dem Staat.

AB 1960: LAND ART UND INSPIRATION XII Der Schweizer Gartenarchitekt Ernst Cramer (1898–1980) öffnet 1959 mit seinem für die Erste Schweizerische Gartenbauausstellung G59 realisierten *Garten des Poeten* einen internationalen Horizont: Der poetische Garten mit seiner reduzierten Formensprache und Pflanzenauswahl wird stilbildend und 1964 in eine Publikation des Museum of Modern Art New York über Pioniere der Land Art aufgenommen. Land Art – Robert Smithson (1938–1973), Walter de Maria (1935–2013) oder Richard Long (*1945) sind wichtige Protagonisten – versucht, Voraussetzungen für Wahrnehmungserfahrungen zu schaffen, wobei die Kunstwerke die Landschaft nicht als Hintergrund nutzen, sondern selbst zur Landschaft werden: Die gegebene Landschaft und der künstlerische Eingriff bilden eine neue Einheit. Land- oder Earth-Art-Werke verändern sich durch den Witterungsprozess, werden erodiert, weggeschwemmt oder schmelzen, wenn sie aus Schnee und Eis sind; Pläne, Skizzen, Fotografien oder Filme dokumentieren die Werke. Unter dem Eindruck der Land- und Minimal-Art-Bewegungen und des neuen ökologischen Bewusstseins nähern sich Kunst und Gartenarchitektur an. Als Kunstwerk verstandene Pflanzungen ändern ihre Form, wachsen und wechseln ihre Erscheinung je nach Jahreszeit, und Parks oder Gärten werden in einer von der Minimal Art inspirierten Formensprache entworfen.

1961: SKULPTURENPARK I Der *Otterlo-Park* bei Arnhem in Holland wird öffentlich zugänglich. Vom holländischen Landschaftsarchitekten Jan Bijhouwer (1898–1974) für das Kunstsammlerpaar Helene und Anton Kröller-Müller rund um ihr 1938 eröffnetes Museum mit Werken von Vincent van Gogh (1853–1890) angelegt, ist der Landschaftspark ein Freiluftmuseum für rund 160 Skulpturen von Henry Moore (1898–1986), Jean Dubuffet (1901–1985), Marta Pan (1923–2008) und anderen Kunstschaffenden. Der *Otterlo-Park* ist dabei Teil des größeren *Nationaal Park de Hoge Veluwe,* wo Helene Kröller-Müller (1869–1939) schon ab 1915 Skulpturen aufstellen ließ. Skulpturenausstellungen im

Kühle Poesie: Ernst Cramers *Garten des Poeten* an der Gartenausstellung G59, Zürich, Schweiz

Londoner *Battersea Park* oder im *Park Sonsbeek* bei Arnhem inspirierten sie zu ihrem eigenen Skulpturenpark.

1961 BIS 1965: MODERNE IN ITALIEN Pietro Porcinai (1910–1986) legt in der Villa Il Roseto in Florenz einen seiner herausragendsten Gärten an. Porcinai ist einer derjenigen italienischen Gartenarchitekten, die eine Erneuerung der traditionsreichen Gartenkultur zustande gebracht haben. Von der Renaissance fasziniert und von sozialistischen Idealen durchdrungen, beginnt er ab 1931 Gärten zu entwerfen. Er bevorzugt Quadrat und Rechteck, Kreismotive, Muster ineinander verschlungener Wege und geometrisch gestutzte Pflanzen statt gebauter Elemente, um Gartenräume entstehen zu lassen. Seine Auftragsliste umfasst 1318 Gartenprojekte, von denen jedoch zahlreiche Gärten nicht mehr erhalten sind.

1963: MODERNE IN ENGLAND Der dänische Architekt, Designer und Gartengestalter Arne Jacobsen (1902–1971) bekommt den Auftrag, das St. Catherine's College in Oxford mit einem Neubau zu erweitern. Selbst leidenschaftlicher Gärtner, entwirft er nicht nur die neuen Gebäude, die Innenausstattung und die Möbel, sondern auch den Garten. Das College ist ein architektonisch-gartengestalterisches Gesamtkunstwerk, das Oxford einen modernen Geist verliehen hat, ohne mit der Tradition zu brechen. Eine kreisrunde Rasenfläche mit asymmetrisch dazu gesetzter Zeder ist der zentrale Ort des Colleges, es gibt einen Kanal, und die rechteckigen Mauern und Heckenscheiben sind ein charakteristisches Gestaltungselement. 1965 beginnt man, seltene Pflanzen zu setzen, was Jacobsen als zu üppig empfunden haben soll.

1966: GRABGARTEN V Der *Friedhof Eichbühl* in Zürich ist ein herausragendes Projekt des Schweizer Landschaftsarchitekten Fred Eicher (1927–2010), der unter anderem den *Botanischen Garten Zürich* (1977) und den Garten der Schweizer Botschaft in Brasilia (1982) gestaltet hat. Der Friedhof besticht durch seine Einfachheit und Weite, die strukturierenden Betonelemente und die terrassenförmig angelegten oder abgesenkten Grabfelder. Wie Friedhöfe oder Gräber zu gestalten sind, ist durch Religion, Kultur, auch das Klima und den gesellschaftlichen Wandel

Ort für Pause und Rekreation:
Gartenanlage des dänischen Architekten Arne Jacobsen,
St. Catherines College Oxford, England

Sunken Garden des 20. Jahrhunderts: Abgesenkte Grabfelder im Friedhof Eichbühl, Zürich, Schweiz

bestimmt: Sind die Grabkreuze oder Steinplatten auf englischen *Lawn Cemeteries* noch immer von Rasen umgeben und nur selten mit Blumen dekoriert, werden in Italien Kies und Marmor- oder Steinplatten verwendet, und das Grab ist häufig auch mit Kunststoffblumen und einer Porträtfotografie des Verstorbenen versehen. Weltbekannte Friedhöfe sind der Zentralfriedhof in Wien oder der Père Lachaise Friedhof in Paris, wo berühmte Kunstschaffende begraben sind. Von Théodore Brongniart (1739–1813) zuerst mit Zypressen, Pappeln und Trauerweiden als Landschaftspark und Rousseau'sches Elysion gestaltet, wird der Père Lachaise bei Prominenten und Reichen sehr schnell beliebt, so dass die ursprüngliche Form bald nicht mehr zu sehen ist.

In der Schweiz werden die meisten Gräber heute von Friedhofsgärtnern gepflegt, die der Einfachheit halber allen Gräbern denselben Blumenschmuck geben, je nach Jahreszeit wechselnd. Die Uniformität der Gräberreihen ist nicht nur mit rationeller und kostensparender Gartenarbeit zu erklären, sondern entspricht kulturell auch der Uniformität der aufgeräumten Gärten um Einfamilienhäuser und Wohnblocks. Der *Kannenfeldpark* in Basel hingegen, bis in die 1940er-Jahre ein Friedhof, ist mit seiner artenreichen Baumsammlung und seinen Rasenflächen zum populären Volkspark geworden.

AB 1968: GARTENTIPPS V Der inzwischen legendäre Fernsehbeitrag der BBC, *Gardeners' World,* geht zum ersten Mal auf Sendung. Bis 2003 aus dem Garten des jeweiligen Moderators gesendet, werden noch heute Beiträge zur Gartenpraxis ausgestrahlt, sozusagen Querbeet-Tipps für Gestaltung und Bepflanzung gegeben. Auch viele andere Sender bieten Beiträge zu Gartengeschichte und Landschaftsarchitektur, es werden berühmte Parks, Gärtner oder Landschaftsarchitektinnen vorgestellt. Ab 2000 erhalten die TV-Programme zunehmend Konkurrenz durch das Internet: In den mittlerweile unüberschaubar vielen Garten-Blogs wird alles thematisiert, was zur Hege und Pflege, Gestaltung und Geschichte der Gärten denkbar ist.

AB 1970: NUTZEN UND LUST IV Die Charakteristika von Stadt-, Industrie-, Agrar- und Naturlandschaften werden diskutiert. Ökologische Erkenntnisse und das neue Umweltbewusstsein prägen zunehmend die

Gestaltung von Gärten, Plätzen und Landschaften. Die Landschaftsarchitektur beginnt, sich mit der Gestaltung aller Arten von Freiräumen zu beschäftigen: Plätze in Städten oder Grünflächen entlang von Autobahnen sind genauso Thema wie die klassischen Aufgaben des Gartenarchitekten für Einfamilienhäuser, Schulen oder Parks. Die Diskussion der *Naturgarten*-Idee mit einheimischen Pflanzen und biologischem Anbau erreicht in der Zweiten Schweizerischen Gartenbauausstellung Grün 80 ihren Höhepunkt.

1977: SKULPTURENPARK II Peter Murray, Dozent für Kunsterziehung, gründet in Wakefield den *Yorkshire Sculpture Park;* es ist der erste Skulpturenpark Englands. 2014 als Museum of the Year ausgezeichnet, zieht der Park inzwischen rund 350 000 Besucher pro Jahr an. Auf den offenen Wiesen und in kleinen Baumgruppen sind Werke von Henry Moore, Barbara Hepworth (1903–1975), Andy Goldworthy (*1956), Sol LeWitt (1928–2007), James Turrell (*1943) und anderen zeitgenössischen, auch der Land Art nahestehenden Kunstschaffenden platziert.

AB 1979: AMPHITHEATER V Der vom dänischen Landschaftsarchitekten Carl Theodor Sørensen (1893–1979) entworfene und nach dessen Tod von C. F. Møller Architects weiterentwickelte Garten der Universität Aarhus bekommt ein großzügiges, mit Rasen bewachsenes Amphitheater; es ist das visuelle und soziale Zentrum der Anlage.

AB 1980: INSTANT GARDEN Dass Gärten künstlich angelegte Naturen sind und damit auch die Künstlichkeit unserer Welt thematisieren, zeigt die amerikanische Gartenarchitektin Martha Schwartz (*1950). Sie verwirklicht zusammen mit Peter Walker (*1932) zahlreiche Projekte in den USA und in Deutschland, insbesondere die Gärten des Flughafens (1995) und der Swiss-Re-Verwaltung in München (2002). Ihr wohl kompromisslosester Garten ist der Dachgarten des Whitehead Institute for Biomedical Research, Cambridge, Massachusetts / USA, mit *Topiari*-Bäumen aus Kunststoff. Sie sagt dazu: «Bei diesem Auftrag wollten alle etwas Grünes, und sie wollten es schnell.» Da das Dach für Pflanzen nicht tragfähig genug war, kein Wasser und kein Geld für den Unterhalt zur Verfügung standen, konstruierte sie einen künstlichen Garten: «Deshalb geht

Künstlicher Garten: Dachgarten des Whitehead Institute for Biomedical Research, Cambridge, USA, der amerikanischen Gartenarchitektin Martha Schwartz

es bei dieser Arbeit um die Idee eines Gartens an sich und um die Erwartungen an einen Garten – dieses Mantra, dass es schnell, billig und grün sein soll. (…) Dieser Garten war eine zornige Antwort auf diese Einstellung. Sie lautete: Wenn ihr Grün wollt und nicht dafür bezahlen wollt: da, bitte schön!» Dann eben aus Plastik! Grün gefärbter Aquariumkies, grüne Wände und die Formschnitthecken aus mit Kunstrasen überzogenem Walzstahl, die als Sitzbänke dienen, bilden auf dem Dach des Gebäudes eine grüne Oase voller Zitate – *Topiari*, mittelalterliche *Rasenbänke* und japanische Gartenkunst reichen sich die Hände. Da der Garten keine Zeit und keine Pflege braucht, um wachsen zu können, ist er der *Instant Garden* schlechthin. Nach 2000 zeigt sich *Instant Gardening* als großer Trend: Die Verkäufe von immergrünen Topfpflanzen – nicht nur aus Kunststoff! –, mit denen man Terrassen sofort begrünen kann, nimmt stark zu.

1982: SKULPTURENPARK III Der Kunstsammler Karl-Heinrich Müller (1936–2007) kauft die Villa und den verwilderten englischen Park im deutschen Hombroich. Er lässt die Auenlandschaft durch den Landschaftsarchitekten Bernhard Korte (*1942) in einen Skulpturengarten umgestalten, in dem vor allem Werke der klassischen Moderne und zeitgenössische Kunst zu sehen sind. 1994 wird das Gelände durch den Kauf der nahe gelegenen Raketenstation bedeutend erweitert; die ehemaligen Hallen und Bunker der Militärbasis bieten Wohn- und Arbeitsräume für Kunstschaffende und dienen als Veranstaltungsorte für Lesungen oder Konzerte.

1983: NATURGARTEN Nachdem das Atelier Stern & Partner/Gerwin Engel (*1943) und Eduard Neuenschwander (1924–2013) den Gestaltungswettbewerb für den *Irchelpark* bei der Universität Zürich Irchel gewonnen haben, beginnen die Erdarbeiten. In der Umweltschutzbewegung der 1970er-Jahre wurzelnd, ist der *Irchelpark* eine Ikone der Naturgartenbewegung in der Schweiz: Im städtischen Umfeld mit Universität, Wohngebiet und Autobahnzubringern ist eine naturnahe Landschaft mit Wiesen, Wald und Auen sowie künstlichem See inszeniert. Es gibt keine Beete mit bunten und schnell wechselnden Blumen, sondern einheimische Wildhecken und Bäume wie Ahorn, Kiefer, Birke, Weide und Eiche. Eine

Waldgarten und Auenlandschaft als Ausstellungsort:
Skulpturen des deutschen Bildhauers Anatol Herzfeld (*1931) in der Stiftung
Museum Insel Hombroich, Neuss, Deutschland

Naturnaher Landschaftspark mit See:
der *Irchelpark* bei der Universität Zürich-Irchel, Schweiz

Treppe aus Steinblöcken und Pflanzen führt in den Universitätscampus, Kunstwerke von Schweizer Bildhauern machen die Anlage auch zu einem Skulpturenpark, Tennisplätze sowie eine Finnenbahn sie zu einem Sportpark. Der zu Beginn gleichsam unfertige und karge Park hat sich inzwischen zu einem bedeutenden innerstädtischen Erholungs- und Begegnungsraum entwickelt.

1986: POSTMODERNE IN FRANKREICH Mit dem *Parc de la Villette* in Paris schafft der Schweizer Architekt Bernard Tschumi (*1944) einen Vielzweckpark auf dem Gelände des ehemaligen Viehmarkts; mit rund 35 Hektar ist es die zweitgrößte Parkanlage von Paris. In der alten Grande Halle sind ein Restaurant und ein Saal für kulturelle Veranstaltungen eingerichtet, es gibt ein Museum für Musik, ein Kino im futuristischen, kugelförmigen Gebäude La Géode, wechselnde Themengärten, die durch blau gepflasterte Wege verbunden sind, regelmäßig über das Gelände verteilte rote Metallskulpturen, die auf Jacques Derridas (1930–2004) Philosophie der Dekonstruktion basieren, und große Rasenflächen für Sport und Spiel. Kurz: Verschiedenste Interessen und Bedürfnisse sind in diesem postmodernen Park vereint, in dem die Inszenierung und Künstlichkeit der Natur nicht verheimlicht werden.

1988: SPAZIEREN Der Schweizer Soziologe Lucius Burckhardt (1925–2003) hält an der Gesamthochschule Kassel eine Lehrveranstaltung zur Spaziergangsforschung. Die Promenadologie richtet bevorzugt ihren Blick auf vergessene, unauffällige Orte oder Landschaften, die mit einem negativen Image besetzt sind. Da es in Mitteleuropa praktisch keine unberührte Natur mehr gibt, die Landschaft also mehr oder weniger stark gestaltet und als großer Garten gesehen werden kann, ist das, was ein Garten ausmacht, auch eine Frage der Wahrnehmung geworden. Wo ein Garten beginnt, die Landschaft aufhört, ist nicht mehr klar. Gärten gibt es nicht nur draußen, sondern auf Dächern, Terrassen, Balkonen und indoor in Firmen oder Flughäfen. Da klettern sie etwa als *Vertikale Gärten* in Treppenhäusern von Stockwerk zu Stockwerk und bilden Oasen für Mitarbeitende und Reisende. | 1994: HÄNGENDE GÄRTEN III Mit der Wahrnehmung des Orts beschäftigt sich auch der Schweizer Gartenarchitekt Dieter Kienast (1945–1998), der 1996 mit seinem Garten am Gartenfestival

Ort der Sammlung und Besinnung: Garten des Swiss Re Centre for Global Dialoge
von Dieter Kienast, Rüschlikon, Schweiz

Chaumont-sur-Loire Aufsehen erregt. Kienast erkundet die einem Ort innewohnenden Möglichkeiten und betont diese mit minimalen Mitteln: Wege, Mauern, Kanäle und Bassins strukturieren das Gelände sensibel und präzise. Er zitiert den Minimal-Art-Künstler Robert Morris (*1931): «Schlichtheit der Form ist nicht gleichzusetzen mit Schlichtheit der Erfahrung.» Für die Grundkonzeption eines Gartens studiert er auch die Spuren, welche die Geschichte in den Ort eingeschrieben hat, und die Gartengeschichte. Kienast bezieht insbesondere Schriftzüge – etwa aus Beton – in die Gestaltung mit ein; halb Wort, halb Skulptur, laden sie den Garten auf mehreren Ebenen mit Bedeutung auf.

1990: KAKTEENGARTEN Der Künstler César Manrique (1919–1992) legt in einem ehemaligen Steinbruch bei Guatiza auf der Insel Lanzarote den *Jardín de cactus* an. Am Grund der Senke und an den terrassierten Hängen des Steinbruchs wachsen die unterschiedlichsten einheimischen Kakteen, die schwarze Vulkanerde bildet die Bühne für die verschiedenen Grüntöne und Formen der Sukkulenten. Es ist ein eigentlicher *Sunken Garden,* in dem die Kakteen vor den teils heftigen Winden geschützt sind.

AB 1990: REVITALISIERUNG Industriebrachen, ehemalige Bergbaugebiete und urbane Restflächen zwischen Wohnsiedlungen und Autobahnen werden von Landschaftsarchitekten neu gestaltet: Michel Desvigne (*1958) und Christine Dalnoky (*1956) legen etwa zwischen den Häusern einer Pariser Wohnsiedlung kleine Birkenwäldchen an, am Stadtrand von Montpellier bilden ihre an der Autobahn gesetzten Kiefern «eine Landschaft, die zwei Minuten dauert». Im Landschaftspark *Duisburg-Nord,* der von Peter Latz (*1939) gestaltet ist, oder in der Lausitz bei Leipzig sind die aufgelassenen Kohlebergwerksgebiete durch Aufforstung und Gartengestaltung, durchaus inspiriert von der Land und Minimal Art, revitalisiert. Der *Parc André Citroën* in Paris, 1988 bis 1992 von Gilles Clément (*1943) und Alain Provost (1930–2002) auf dem Areal des ehemaligen Autowerks realisiert, nimmt mit schräg gelegten, rechteckigen Rasenflächen, dem *Weißen Garten* und dem *Blauen Garten* sowie einem Platz, wo Kinder durch Wasserfontänen laufen können, stilistische Traditionen anderer Pariser Gärten spielerisch auf. Architektonische

Terrassierter Abhang in ehemaligem Steinbruch: Der *Jardín de cactus* des Künstlers César Manrique, Guatiza, Lanzarote, Spanien

Elemente, Wasserspiele und Pflanzen bilden ein Ensemble, das sich durch Rationalität und Poesie, Strenge und Witz auszeichnet. In den umgenutzten und renovierten Londoner Docklands, dem Hafenquartier Canary Wharf, legt der belgische Landschaftsarchitekt Jacques Wirtz (*1924) von 2002 bis 2004 den *Jubilee Park* an; es ist eigentlich ein Dachgarten über der Untergrundbahnstation der Jubilee Line. Wirtz, der ab 1990 mit den Söhnen Martin und Peter zusammenarbeitet, ist selbst ein leidenschaftlicher Gärtner. Seine Gärten zeichnen sich durch eine organische Formensprache mit ungeometrisch geschnittenen *Topiari* aus: So gibt etwa eine wolkenförmige, von japanischer Gartenkunst inspirierte Hecke dem Garten *Schoten* in Belgien eine modern-abstrakte und zugleich märchenhafte Stimmung. Wirtz' *Jardin du Carrousel* zwischen dem *Jardin des Tuileries* und dem Louvre in Paris oder die imposante Wassertreppe mit Springbrunnen im Park des Alnwick Castle im englischen Northumberland sind stilbildend für die zeitgenössische Landschaftsarchitektur.

1993: HORTUS CONCLUSUS III UND WISSENSCHAFT IV

Als *Hortus conclusus* ist der Garten der Fondation Louis-Jeantet in Genf gestaltet: Sowohl nachts, wenn er beleuchtet ist, als auch tagsüber und speziell im Frühjahr, wenn die Scharlachkirschen rosa blühen, ist dieser Hofgarten eine moderne, poetische Version des Paradiesgartens. Das Pariser Büro Agence Ter – von Henri Bava (*1957), Michel Hoessler (*1958) und Olivier Philippe (*1954) 1986 gegründet – gestaltet unter anderem den *Monbijou-Park* in Berlin (1993), Gärten für die Internationale Gartenausstellung in Dresden (1995) sowie die Landesgartenschau Bad Oeynhausen/Löhne (1997) und entwirft für das Lycée Philippe Lamour in Nîmes eine außergewöhnlich großzügige, geometrisch strukturierte Gartenanlage. Sie versieht das Schulgebäude nicht einfach mit etwas Grün, sondern macht die Schule zu einem Ort im Garten.

Begonnen in den späten 1970er-Jahren ist der rund 120 Hektar große *Garden of Cosmic Speculation* im schottischen Portrack von Charles Jencks (*1939) und seiner Frau Maggie Keswick (?–1995) inzwischen einer der spektakulärsten europäischen Landschaftsparks. Unter anderem inspiriert von Feng-Shui und Land Art, visualisieren die aufgeschütteten Erdformationen und Seen naturwissenschaftliche Erkenntnisse wie die

Umnutzung: *Parc André Citroën* von Gilles Clément und Alain Provost auf dem ehemaligen Gelände der Autofabrik, Paris, Frankreich

Stadtgrün: *Jubilee Park* von Jacques Wirtz auf dem Dach der U-Bahn-Station der Jubilee Line, London, England

Chaostheorie und Kosmologie sowie die chinesische Gartenkultur und Geomantie, mit der sich Maggie Keswick intensiv beschäftigte. Der Gemüsegarten etwa ist der menschlichen DNA und den sechs Sinnen gewidmet; Skulpturen versinnbildlichen die Theorien und Sinne.

1994: HÄNGENDE GÄRTEN III Am jährlichen Gartenfestival Chaumont-sur-Loire stellt der französische Gartenarchitekt und Tropenwaldspezialist Patrick Blanc (*1953) seine *Mur Végétal* vor. *Vertikale Gärten* oder *Botanical Bricks* gehen auf eine Erfindung des amerikanischen Professors für Landschaftsarchitektur, Stanley Hart White (1891–1979), zurück. Blanc perfektioniert das Verfahren sowohl technisch wie botanisch. Auf Forschungsreisen durch Wälder in Thailand, Peru, Borneo oder Australien bekommt er Impulse für seine teils spektakulären Projekte, etwa die begrünten Wände des Hotels Pershing Hall in Paris (2001) und diejenigen des von Herzog & de Meuron gebauten Caixa Forums in Madrid (2008) oder für den Garten an Jean Nouvels (*1941) Hochhaus *One Central Park* in Sidney (2013). In Städten wirken *Botanical Bricks* als Biofilter gegen die Luftverschmutzung, was in den von Smog speziell betroffenen chinesischen Großstädten dazu führt, dass vermehrt Hochhäuser mit Bepflanzung gebaut werden.

1996: GARTEN ALS GARTENGESCHICHTE Die *Jardins de l'imaginaire,* von der amerikanischen Landschaftsarchitektin Kathryn Gustafson (*1951) für das französische Städtchen Terrasson-Lavilledieu im Périgord entworfen, wird eröffnet. Der 6 Hektar große Park ist ein Garten der Gartengeschichte. Die Initianten hatten ursprünglich einen Park im Sinn, der italienische Renaissance mit französischem Barock und japanischer Meditationskultur verbinden sollte. Doch Gustafson zitiert nicht einfach historische Einzelmotive, sondern denkt sie neu und verbindet sie zu einem stimmigen Ganzen, wobei Wasserläufe, Fontänen oder Brunnen ein verbindendes Element sind. So fließt etwa Wasser über eine Treppe in den *Forêt des jets,* wo ein Wald aus Wasserfontänen in die Höhe schießt und so die Wasserspiele der Renaissancegärten neu interpretiert. Stellvertretend für die fünf großen Ströme der Erde – Euphrat, Nil, Ganges, Mississippi und Amazonas – gibt es fünf Brunnen, die am Weg durch den *Bois sacré* aufgereiht sind und sowohl

Konstruktion elysischer Landschaften: Autobahnausfahrt *Sortie Conthey (VS)*, 2002, aus der Serie *Paysage A* des Schweizer Fotografen Nicolas Faure (*1949)

Wissenschaftliche Erkenntnisse in einen Park umgesetzt: *Garden of Cosmic Speculation* von Charles Jencks und Maggie Keswick, Portrack, Schottland

Streifzug durch die Gartengeschichte: die *Jardins de l'imaginaire* von Kathryn Gustafson, Terrasson-Lavilledieu, Frankreich

Natur und Kunst: *Planet der Schweine* (2001) des deutschen Künstlers Peter Nagel (*1963) und im Hintergrund *Soglio* (1994) des englischen Bildhauers Nigel Hall (*1943), Skulpturenpark *Kloster Schönthal,* Langenbruck, Schweiz

an die vitale Bedeutung des Wassers für jeden Garten und das Leben überhaupt als auch an die Anfänge der Gartengeschichte im Zweistromland erinnern. Von Kathryn Gustafson stammt auch der 2004 eröffnete *Diana, Princess of Wales Memorial Fountain* im Londoner *Hyde Park.*

AB 1995: AMPHITHEATER VI Der noch von Lancelot «Capability» Brown kurz vor seinem Tod 1783 entworfene Park von Heveningham Hall, Suffolk, wird vom englischen Landschaftsarchitekten Kim Wilkie (*1956) restauriert und teilweise neu interpretiert. Er ersetzt den viktorianischen Garten in der Nähe des Hauses durch grasbewachsene Terrassen, die in einem Halbrund um das Haus verlaufen und es so zum Hauptakteur auf der Bühne des Gartens machen.

2000: SKULPTURENPARK IV Die Klosterkirche Schönthal bei Langenbruck in der Schweiz, 1145 erstmals erwähnt, wird nach einer wechselvollen Geschichte durch den Kunstsammler John Schmid (*1937) zum Ausstellungsort, der Nutzgarten in der Nähe der Kirche und die umgebende Landschaft zum Skulpturenpark. Dass Plastiken in Gärten aufgestellt werden, gehört seit den Anfängen zur Gartengeschichte. Doch während im 19. Jahrhundert Skulpturen wichtiger Künstler oder Nationalhelden in den Parks aufgestellt werden, etablieren sich Gärten im Lauf des 20. Jahrhunderts als wichtiger, auch temporärer Präsentationsort für Ausstellungen zeitgenössischer Plastik – etwa die jährlichen *Skulptur Projekte Münster* oder die Ausstellungen im Rahmen der documenta Kassel in Deutschland. Der Skulpturenpark *Kloster Schönthal* ist indes ein besonders schönes Beispiel für den Dialog von Kunst, Gartenkultur und Natur. Während man auf verschlungenen Pfaden durch die ehemalige Klosteranlage und den Park geht, entdeckt man sukzessive die Werke von Ian Hamilton Finlay (1925–2006), Roman Signer (*1938), Martin Disler (1949–1996), von Gerda Steiner (*1967) und Jörg Lenzlinger (*1964), Erik Steinbrecher (*1963) oder Miriam Cahn (*1949).

2000: HÄNGENDE GÄRTEN IV An der Expo in Hannover legt das holländische Architekturbüro MVRDV (Winy Maas, Jacob van Rijs, Nathalie de Vries) mit seinem spektakulären Pavillon eine neue Version der *Hängenden Gärten* vor. Unter dem Begriff der «Neuen Natur» denken die Architekten über Landgewinnung in der Vertikalen nach: Der Pavillon ist eine gestapelte Landschaft, ein «Multi-level Park», in dem die Machbarkeit der Natur ein zentrales Motiv ist. Zuoberst befindet sich eine Wasserlandschaft mit Windrädern, darunter ein multimediales Theater mit Informationen über Holland, einen Stock tiefer geht man durch einen künstlichen Wald, und wiederum eine Etage tiefer ist man in der «Wurzelschicht», wo die Infrastruktur des Landes zum Thema gemacht ist. Dann folgt eine Etage, die das dem Meer abgerungene und in fruchtbare Land(wirt)schaft verwandelte Land thematisiert, zuunterst befindet sich eine Dünenlandschaft. Der ganze Pavillon steht in einem Blumengarten.

AB 2000: STADTGRÜN Was die Natur in der Stadt sein und bewirken kann, wird unter Begriffen wie «Stadtnatur», «Stadtgrün», «Guerilla Gardening», «Urban Gardening» oder «Urban Farming» neu diskutiert. Die seit den 1970er-Jahren aktive Umweltbewegung sieht in den Stadt- und Gemeinschaftsgärten nicht nur eine grüne Gegenwelt zum Betongrau. Mit *Guerilla Gardening* – dem klandestinen Verstreuen von Malvensamen etwa – eignen sich die Bewohner ungenutzte Zwischenräume an, verschönern ihre Stadt oder gestalten Orte der Begegnung und des sozialen und politischen Engagements. Dass sich sowohl die Flora als auch die Fauna in erstaunlichem Ausmaß erholen kann, zeigen Industriebrachen oder verlassene Bahnhofgelände wie das *Schöneberger Südgelände* in Berlin, wo ein biotopartiger Park angelegt wurde und sich heute zahlreiche Tier- und Pflanzenarten finden lassen, die einmal verschwunden waren. Inzwischen werden *Urban Gardening* und *Urban Farming* beziehungsweise die Ökophysiologie der Pflanzen in urbaner Umgebung an Universitäten erforscht und gelehrt.

Da die meisten Parks in den Stadtzentren bereits spätestens im 19. Jahrhundert angelegt worden sind, entstehen große Gartenanlagen eher an peripheren Lagen, in neuen Quartieren oder – wenn im Stadtzentrum – höchstens noch anlässlich von Neubauten oder Renovierungen. So wird in London ein ehemaliges Kraftwerk in die Tate Gallery of Modern Art umgebaut; die Gartenanlage stammt von Günther Vogt (Vogt Landschaftsarchitekten). Vogt, der zuerst mit Dieter Kienast zusammengearbeitet hat, realisiert rund um das mächtige Gebäude am Themseufer

Park auf mehreren Stockwerken: Der holländische Pavillon an der Expo 2000 in Hannover, Deutschland

Gartenlaube im Großformat: *MFO-Park* in Zürich-Oerlikon, Schweiz

einen vergleichsweise kleinen, doch klar strukturierten, weit wirkenden und poetischen Garten mit kleinen Birkenwäldchen und Rasenflächen. Der Garten scheint Le Corbusiers Diktum «Sonne – Luft – Vegetation» | 1923: HÄNGENDE GÄRTEN II zu verkörpern: Mitten in der Stadt stimmt der Garten durch seine meditative Ruhe und Klarheit auf den Besuch einer Ausstellung ein. Auch für das Laban Center for Contemporary Dance in London, wo er Treppen aus Rasenflächen gestaltet, und für die Umgebung des Fußballstadions Allianz Arena in München arbeitet Günther Vogt mit den Architekten Herzog & de Meuron zusammen.

2001 BIS 2004: ALPINE GÄRTEN Die vom deutschen Architekten Gottfried Semper (1803–1879) erbaute Villa Garbald im schweizerischen Castasegna wird renoviert und mit einem turmartigen Nebengebäude der Architekten Miller & Maranta zu einem Seminarzentrum der Eidgenössischen Technischen Hochschule (ETH) erweitert. Den von Semper entworfenen Garten, inzwischen vernachlässigt, restauriert die Landschaftsarchitektin und Gartenhistorikerin Jane Sarah Bihr-de Salis. Hortensien, Kamelien, Scheinzypressen, Stechpalmen, Efeu, Reben und Rosen sowie Aprikosenbäume machen diesen kleinen Garten in den südlichen Alpen zu einem Ort der Kraft, Kontemplation und Erholung. Jane Bihr-de Salis gestaltet, restauriert, betreut und bepflanzt seit 1986 mehrere historische Gärten in alpiner Umgebung, so etwa den Garten des Hotels Palazzo Salis in Soglio und des Palazzo Salis in Bondo in der Schweiz. Zudem entwickelt sie das Gartenkonzept zum Wohnhaus des Architekten Peter Zumthor in Haldenstein.

2002: GARTENLAUBE In Zürich-Oerlikon wird der *MFO-Park* eröffnet. Auf dem Gelände der ehemaligen Maschinenfabrik Oerlikon errichten Burckhardt & Partner Architekten ein Gestell aus Metall – 100 Meter lang, 35 Meter breit und 17 Meter hoch –, das von Raderschallpartner Landschaftsarchitekten begrünt wird. Mit Rankseilen, Pflanzschalen, Treppen, Laubengängen und Balkonen versehen, ist es eine riesige Gartenlaube, bewachsen mit verschiedenen Kletterpflanzen wie Glyzinie, Geissblatt und Wildem Wein. Der *MFO-Park* – ein zeitgenössisch-romantischer Treffpunkt und ein Ort für kulturelle Veranstaltungen – wird 2010 mit dem Europäischen Gartenpreis des European Garden

Südliches Alpenklima: Garten des Palazzo Salis, Soglio, Schweiz, der 2009 zusammen mit der Gartenanlage des Palazzo Salis, Bondo, den Schulthess-Gartenpreis erhält.

Heritage Network ausgezeichnet. Gartenlauben, im 18. Jahrhundert zuerst in England als geschützte Sitz- und Leseplätze beliebt, werden schnell weltweit Mode und geben im Jahr 1853 der ersten Massenillustrierten Deutschlands ihren Namen, der von 1853 bis 1944 herausgegebenen Zeitschrift *Die Gartenlaube – illustrirtes Familienblatt.*

2003: RESTAURIERUNG III Am 26. Dezember zerstört ein Erdbeben die zum Unesco-Weltkulturerbe zählende zentraliranische Stadt Bam, Zehntausende sterben. Weil das über 800 Jahre alte Bewässerungssystem der Oase zugeschüttet ist, leiden auch Tausende von Dattelpalmen, Granatapfelbäume und Reben unter akutem Wassermangel. Experten aus Afghanistan flicken die *Kanats:* Wie vor Hunderten von Jahren | NACH 750 v. CHR.: LANDSCHAFTSPARK I werden in regelmäßigen Abständen Löcher und Verbindungstunnels gegraben; die Böden der Löcher haben dabei auf einer Ebene mit einem leichten Gefälle zu liegen. Heute fließt das in rund 45 Kilometer Entfernung in den Bergen aufgefangene Wasser wieder durch die Oase von Bam.

2003: NUTZEN UND LUST V In Rostock findet im Rahmen der Internationalen Gartenbauausstellung (IGA) ein Symposium unter dem Titel *Die grüne Stadt* statt. Eine Stiftung gleichen Namens wird mit dem Zweck gegründet, die interdisziplinäre Debatte und Forschung über den ökologischen, sozialen, gesundheitlichen und ökonomischen Nutzen von Grünräumen zu fördern. *Die grüne Stadt* rechnet beispielsweise die Leistung eines hundertjährigen Laubbaums vor: Bei einem Kronendurchmesser von 12 Metern geht man von rund 600000 Blättern aus, die an einem sonnigen Tag rund 18 Kilogramm CO_2 aufnehmen und rund 13 Kilogramm O_2 produzieren, was den Sauerstoffbedarf von etwa zehn Menschen deckt.

2005: KÜNSTLERGÄRTEN UND KÜNSTLICHER BERG III Im Innenhof des Bundesamts für Landestopografie in Bern wird der Garten der Schweizer Künstlerin Katja Schenker (*1968) eingeweiht. Aus Asphalt ist eine gleichsam in Stücke gerissene, dreidimensionale Landkarte in den Hof des Gebäudes gelegt. In den Rissen und Löchern wächst Buchs, der seit der Etablierung der *Topiari*-Kunst als skulpturales

Element Tradition hat. Als eigentliche Künstlergärten gelten *Perry Green* von Henry Moore im westenglischen Hertfordshire, Niki de Saint Phalles (1930–2002) *Giardino dei Tarocchi* südlich von Grosseto in Italien, Daniel Spoerris (*1930) *Il Giardino di Daniel Spoerri* in der Toskana, Ian Hamilton Finlays *Little Sparta* in Stonypath bei Edinburgh oder Derek Jarmans (1942–1994) Garten *Prospect Cottage* in Dungeness. Jarman legte ihn an, als er schon todkrank war, bezeichnete ihn als «Therapie und Arznei» und meinte: «Hinter jedem Garten liegt das Paradies, und einige Gärten sind Paradiese. Meiner gehört dazu.» Weiter sind der *Barbara Hepworth Sculpture Garden* in Cornwall und Constantin Brâncuşis (1876–1957) Skulpturengarten *Târgu-Jiu* bei Hobitza in Rumänien zu nennen. Sie alle sind – ganz unterschiedliche – Beispiele für Künstlergärten, in denen das Kunst- und Naturverständnis ihrer Schöpfer zu einer einzigartigen Einheit verschmelzen.

Der dänische Künstler Olafur Eliasson (*1967), der sich in seiner Arbeit mit den Grenzen und Überschneidungen von Kunst, Natur, Kultur und Wissenschaft beschäftigt, verwirklicht gleich mehrere Garten-Kunstwerke: Mit dem Landschaftsarchitekten Günther Vogt inszeniert er 2001 im Kunsthaus Bregenz den Parcours *The Mediated Motion,* auf dem die Besucher die künstliche Natur reflektieren können, 2016 im Schloss und im Park von Versailles dann mehrere Installationen – unter anderem eine riesige Wasserfallskulptur –, die eine frische Wahrnehmung dieses geschichtsträchtigen Orts bewirken.

An der Weltausstellung in Aichi in Japan schließlich stellt sich die Schweiz unter anderem mit einem künstlich angelegten Berg vor, einer 35 Meter langen, 23,5 Meter breiten und 8,4 Meter hohen *Montagnette.* Berg und Aussicht stammen vom Künstlerpaar Monica Studer (*1960) und Christoph van den Berg (*1962). Dieser Berg bringt auf den Punkt, was fast die gesamte Schweiz wie auch Teile anderer europäischer Länder heute sind: bis hoch hinauf in die Alpen durchgestaltete Landschaften mit Aussichtsplätzen, von denen aus die Landschaft wie ein Bild erscheint, kurz: große Gärten.

2006: AUSZEICHNUNGEN Der bedeutendste englische Landschaftspark der Schweiz, die *Ermitage* in Arlesheim, wird vom Schweizer Heimatschutz mit dem seit 1998 verliehenen Schulthess-Gartenpreis

Kartografie im Raum: Die Schweizer Künstlerin Katja Schenker
realisiert 2005 für den Innenhof des Bundesamts für Landestopografie in Bern, Schweiz,
ein Garten-Kunstwerk.

ausgezeichnet. Der Jean-Jacques Rousseaus Naturverehrung verpflichtete Garten wurde 1785 von Balbina von Andlau-Staal (1736–1798) initiiert, 1793 von französischen Truppen zerstört, aber von 1810 bis 1812 von Conrad von Andlau (1766–1839) als romantischer Landschaftsgarten neu angelegt. Nicht nur die Anlage selbst, sondern auch die Bemühungen um seine Restaurierung und Erhaltung werden mit dem Preis gewürdigt.

Während es in der Architektur seit Langem bedeutende Auszeichnungen gibt (etwa den Pritzker-Preis), die dazu beitragen, dass Architekten zu eigentlichen Stars avancieren, sind Preise für Landschaftsarchitekten weniger bekannt. In Deutschland wird seit 1993 unter anderem der Deutsche Landschaftsarchitektur-Preis verliehen, in Österreich der Landschaftsarchitektur-Preis der Österreichischen Gesellschaft für Landschaftsplanung und Landschaftsarchitektur. Beim Bau von (Eigentums-) Wohnungen oder Firmensitzen führt die Außenbepflanzung oft ein stiefmütterliches Dasein. Der Bau ist längst fertig, die Beete bei den Eingängen immer noch lieblos bepflanzt. Kostengünstige Pflege steht im Vordergrund.

2006: SKULPTURENPARK V Der ab Mitte der 1980er-Jahre vom brasilianischen Geschäftsmann Bernardo de Mello Paz (*1949) angelegte Skulpturenpark *Centro de Arte Contemporânea Inhotim* wird öffentlich zugänglich. Wie seine europäischen Vorbilder ist der Landschaftspark in der Nähe der Stadt Belo Horizonte ein Gesamtkunstwerk und ein Ort der Bildung: Seltene Pflanzen aus aller Welt machen den Park zu einem riesigen botanischen Garten, die in der Landschaft platzierten Werke international renommierter Kunstschaffender zu einem Freiluft-Kunstmuseum. Auf dem Gelände, dessen Gestaltung unter anderem von Roberto Burle Marx beeinflusst ist, gibt es 23 Pavillons, in denen Kunstwerke ausgestellt sind. In *Inhotim* werden zudem für Schulen transdisziplinäre Kurse zu Kunst, Botanik und Biodiversität sowie nachhaltiger Entwicklung durchgeführt. Bei einem Spaziergang (oder auf einer Spazierfahrt im offenen Elektrobus) erleben die Besucher, wie sich üppige Natur und ausdrucksstarke Kunst die Waage halten.

2008: BIODIVERSITÄT Auf Spitzbergen wird der Saatgut-Tresor Svalbard Global Seed Vault eröffnet. Im Permafrostboden versenkt,

Zeitgenössische Kunst in tropischer Natur:
Centro de Arte Contemporânea Inhotim, Brasilien

beherbergt der Bunker rund 4,5 Millionen Samenproben à 500 Samen aus aller Welt. Ziel ist der Schutz der genetischen Sortenvielfalt, das heißt letztlich die Nahrungssicherheit. Im September 2015 kommt die erste Anfrage für eine Rückführung von Samen in die Trockengebiete bei Aleppo in Syrien.

2009: URBAN GARDENING III Die amerikanische First Lady Michelle Obama (*1964) macht Furore mit ihrem biologischen Küchengarten im Park des Weißen Hauses in Washington D.C. Der Garten ist Teil ihres Einsatzes gegen Fast Food und Übergewicht und liefert auch der präsidialen Tafel Gemüse, Kräuter, Salat und Blumen. Was hier Vorbildcharakter hat, ist längst eine bedeutende Bewegung: Die Wirtschafts- und Finanzkrisen in vielen Ländern lässt die Menschen wieder eigene Gärten anlegen und belebt das Wissen um den Gartenbau. In Großstädten wie Detroit machen die Anwohner Brachen zu Gemeinschaftsgärten, und in Island sieht man nach dem Kollaps des Bankensystems im eigenen Gemüsegarten plötzlich eine Möglichkeit zur Selbsthilfe.

Doch auch in Mittelstandsvierteln entstehen zahlreiche Gemeinschaftsgärten wie der in Pflanzkisten angelegte *Prinzessinnengarten* in Berlin (seit 2009); man will Freiflächen begrünen und einen Ort der Begegnung, ja ein neues Arkadien schaffen. Denn Projekte wie *The Endless Orchard* in Los Angeles (Motto: «Gepflanzt von der Öffentlichkeit für die Öffentlichkeit, ein lebendes Kunstwerk, von dem alle essen können!») oder die *Windy City Harvest Youth Farm* in Chicago stehen für das wachsende Interesse an lokaler und gemeinschaftlicher Nahrungsmittelproduktion, ortsnahem Konsum sowie sozialem und politischem Engagement. Für orientierungslose Jugendliche, ehemalige Häftlinge oder Flüchtlinge wird der Garten zu einem Ort, an dem sie sich (wieder) erden können.

In Zeiten verdichteten Bauens bedeutet «Stadtgrün» jedenfalls nicht nur Ausgleichsfläche oder Freiraum, sondern oft Selbstversorgung, Begegnung und Sozialarbeit. Auch die teils interkulturellen Gartenprojekte in der Schweiz wie der *Stadiongarten Zürich,* die Gärten des Urban Agriculture Netz Basel oder die *Plantages* in Lausanne, die 2015 vom Schweizer Heimatschutz mit dem Schulthess-Gartenpreis ausgezeichnet werden, zeigen, dass mit kleinteilig organisiertem Gartenbau auch eine Sozialutopie gelebt wird.

2009: VOLKSPARK IX In New York wird der erste Abschnitt des *High Line Parks* des holländischen Landschaftsarchitekten Piet Oudolf der Öffentlichkeit übergeben. | 1536: VOLKSPARK II 2014 schließlich ist das zur Grünanlage umgebaute ehemalige Hochbahntrassee in Manhattan fertiggestellt. Je dichter die Bebauung, desto bedeutender auch kleine Grünflächen, die zur Aufwertung ganzer Quartiere führen. Der *High Line Park* wird zum Vorbild für andere Städte: In Wien soll auf dem Bahntrassee Richtung Heiligenstadt der *High Line Park Vienna* und die *Linear Landscapes* auf der Zufahrt zum Nordwestbahnhof entstehen, in London die *Garden Bridge Over the Thames* gebaut werden. In Zürich ist das ehemalige Bahntrassee auf dem Lettenviadukt seit 2009 eine begrünte Fußgänger- und Fahrradbrücke, von der aus man den 1924 eröffneten Volkspark *Josefswiese* – eine grüne Oase im ehemaligen Industriequartier – erreicht.

In New York ist indessen bereits der erste botanische Garten im Untergrund in Planung: *The Lowline Park* soll im Jahr 2021 im Busdepot Williamsburg Bridge erblühen, das schon 1948 stillgelegt wurde. Von Oktober 2015 bis Februar 2017 wurde im Lowline Lab getestet, wie das Sonnenlicht über ein Spiegelsystem in die Untergrundstation geführt und so Pflanzen zum Wachsen gebracht werden können.

2009: GARTENTHERAPIE II Mehrere deutsche, österreichische und schweizerische Hochschulen und Gartenverbände gründen die Internationale Gesellschaft Garten Therapie (IGGT). Die heilende Kraft von Gartenspaziergängen und Gartenarbeit ist schon in der Antike bekannt. Ab den 1970er-Jahren bekommt die Gartentherapie durch das Aufkommen interdisziplinärer Forschung wissenschaftliches Gewicht – zuerst in Amerika, dann in Europa. In Sonne, Wind und Wetter tätig sein, die Jahreszeiten und zyklischen Rhythmen von Werden und Vergehen erleben, mit der Erde verbunden sein und durch sichtbare Resultate Zuversicht gewinnen: Inzwischen gehören in Altersheimen Freilufttherapiezimmer mit *Hochbeeten* – Kästen, welche die Beete auf Tischhöhe anheben –, mit Nutz- und Flaniergärten sowie speziell angelegte Gartenbereiche für Demenzkranke ebenso zu den anerkannten Methoden wie Gartenarbeit zur Behandlung von Menschen mit Ängsten, Depressionen oder Suchtproblemen.

Kleine und große Gärten beleben die Landschaft:
Topfgarten in Kanazawa, Japan

2012: RESTAURIERUNG IV Der 1637 bis 1641 angelegte *Shalimar Garten* in Lahore in Pakistan, als persischer Paradiesgarten konzipiert und mit einer kunstvoll mit durchbrochenen Ziegeln gebauten Mauer eingefasst, steht zwischen 2000 und 2012 auf der *Roten Liste des gefährdeten Welterbes* der Unesco: Die Mauer und ein Teil des rund 400-jährigen Bewässerungssystems wurden durch die Verbreiterung einer Straße zerstört. Inzwischen sind Mauer und Zisternen restauriert.

2013: URBAN GARDENING IV Das Haus für den Garten zu öffnen und umgekehrt den Garten ins Haus zu holen, gelingt dem japanischen Architekten Ryue Nishizawa (*1966) mit seinem *Garden and House*. In Tokio, in eine nur vier Meter breite Baulücke zwischen zwei Appartementtürmen hineingebaut, ist das winzige vierstöckige Wohnhaus ein Musterbeispiel für die Verschmelzung von innen und außen, Großstadtlandschaft und Gartennatur. Auf jedem Stock wachsen Pflanzen in Töpfen und führen fort, was in japanischen Städten überall anzutreffen ist: Topfgärten auf dem Bürgersteig vor der eigenen Haustür.

2014: HÄNGENDE GÄRTEN V UND INSPIRATION XIII Die Zwillingswohntürme *Bosco Verticale* in Mailand sind fertiggestellt. Von Italo Calvinos (1923–1985) Roman *Il barone rampante* (1957) – *Der Baron auf den Bäumen* – angeregt, entwirft der Architekt Stefano Boeri (*1956) mit seinem Büro zwei 110 und 76 Meter hohe Wohnhäuser, deren Fassaden mit Betonwannen versehen sind: Dort wachsen rund 900 Bäume und etwa 20000 Pflanzen wie Sträucher, Stauden und Kräuter. Die Wahl der rund 20 verschiedenen Laub- und Nadelbäume und der 80 anderen Pflanzenarten erarbeitet die Botanikerin Laura Gatti mit einem Team der Universität Mailand. Besondere Herausforderungen sind das kleine Pflanzbeet, potenziell hohe Windgeschwindigkeiten und die Versorgung mit Wasser. In einem Windkanal testen Gatti und ihr Team deshalb Baumarten und wählen schließlich die geeigneten Bäume für die Bepflanzung der Fassade aus.

Durch ein Schlauchsystem wird Wasser vom Keller der Häuser aufs Dach befördert und von da zu den Pflanzen weitergeleitet; das Becken im Keller wird mit Brauchwasser der Häuser und mit Regenwasser befüllt. Mithilfe eines auf dem Dach montierten Krans seilen sich Gärtner entlang der Fassade ab und pflegen die Pflanzen, die Gemeinschaftseigentum der Bewohner sind. Wenngleich der technische Aufwand – etwa die Ingenieurarbeit, die Wahl und Züchtung der Pflanzen – sehr hoch ist: Das Mikroklima, das durch die Bepflanzung entsteht, senkt letztlich den Energieverbrauch der Hochhäuser und erhöht die Biodiversität des Quartiers; manche Vogelarten sind sogar in den Stadtteil Porta Nova zurückgekehrt.

Der *Bosco Verticale,* im November 2014 mit dem Internationalen Hochhauspreis der Stadt Frankfurt am Main ausgezeichnet und 2015 in Chicago vom The Skyscraper Center des Council of Tall Buildings and Urban Habitat zum weltweit besten Hochhaus gekürt, ist mit seiner Integrierung von Pflanzen in den urbanen Raum zukunftsweisend. Inzwischen ist *Vertical Foresting* ein weltweiter Trend. In der chinesischen Stadt Nanjing etwa wird derzeit das Vertical Forest Hotel geplant.

Bis 2020 soll zudem in Chavannes-près-Renens bei Lausanne Stefano Boeris *Tour des Cèdres* fertiggestellt sein. Wiederum werden Zedern, Eichen, Ahorne und andere Baumarten eigens für die Bepflanzung der 117 Meter hohen Fassade gezüchtet. Das erste begrünte Wohnhochhaus der Schweiz, von Buchner Bründler Architekten gebaut, steht allerdings seit 2016 in Wabern bei Bern. Natur und Stadt, Natur und Architektur finden auch hier zu einer neuen Einheit.

2017: NUTZEN UND LUST VI Städte und Agglomerationen wuchern nicht nur weiter in ihr Umland hinaus. Gärten erobern zunehmend auch die Städte zurück. Grüne Freiflächen entstehen zwar eher an Stadträndern, wie das *Tempelhofer Feld* in Berlin zeigt, das seit 2014 unverändert erhalten werden muss. Doch in den Zentren bilden die kleinen Gemeinschafts-, Dach- oder Hofgärten ein dichter werdendes, grünes Netzwerk. Die Bepflanzung bietet neue Lebensräume für Tiere wie Vögel oder Insekten und verbessert die Wohnqualität der Menschen, weil die Pflanzen CO_2 absorbieren, Lärm, Staub und Hitze mildern und durch ihre Poesie die Seele beruhigen. Gärten, ob horizontal um Häuser herum und auf Terrassen und Dächern oder vertikal die Fassaden entlangkletternd, verkörpern also idealtypisch den Leitspruch «Think globally, act locally». Und sie sind Ausdruck jener Initiativen aus der Basis der Bevölkerung, die im Englischen so gartennah «grassroots movement» genannt werden.

Garten in Zeiten verdichteten Bauens:
Bosco Verticale im Frühling, Mailand Porta Nuova, Italien

DANK

Ich danke allen, die die Arbeit an diesem Buch unterstützt haben, insbesondere Claudio Barandun, Michael Busslinger, Anne Bürgisser, Mauricio Dias, Ursula Eichenberger, Marion Elmer, Frank Ellenberger, Nicolas Faure, Markus Gasser, Barbara Geiser, Cristina Iglesias, Alain Nicolas Lavanchy, Rémy Markowitsch, Nicolas Olonetzky, Walter Riedweg, Katja Schenker, Christian Schmidt, Schweizerische Stiftung für Landschaftsarchitektur (SLA) Rapperswil, Pater Beda Szukics/Benediktiner-Kollegium Sarnen, Gian Vaitl, Udo und Rita Weilacher sowie Ruth Widmer. Für die schöne Zusammenarbeit danke ich zudem Muriel Comby und Katharina Kulke, Lisa Rosenblatt und Regula Walser.

Nadine Olonetzky

AUSGEWÄHLTE QUELLEN

Die Art des Texts hat es nicht erlaubt, für jede Information die zugehörige Quelle detailliert anzugeben. Die wichtigsten Quellen sind hier summarisch aufgelistet:

Neue Jerusalemer Bibel, Einheitsübersetzung mit dem Kommentar der Jerusalemer Bibel, Herder Verlag, Freiburg 1985; M. Carroll-Spillecke (Hrsg.), *Der Garten von der Antike bis zum Mittelalter, Kulturgeschichte der antiken Welt,* Bd. 57, Verlag Philipp von Zabern, Mainz am Rhein 1992; Anne Marie Fröhlich (Hrsg.), *Gärten – Texte aus der Weltliteratur,* Manesse Verlag, Zürich 1993; Gabrielle van Zuylen, *The Garden – Visions of Paradise,* Thames & Hudson, London 1995, reprinted 2000 und 2004; Hans Sarkowicz, *Die Geschichte der Gärten und Parks,* Insel Verlag, Frankfurt am Main/Leipzig 1998; Ehrenfried Kluckert, *Gartenkunst in Europa – Von der Antike bis zur Gegenwart,* Könemann Verlag, Köln 2000; Thies Schröder, *Inszenierte Naturen – Zeitgenössische Landschaftsarchitektur in Europa,* Birkhäuser Verlag, Basel/Boston/Berlin 2001; Jane Brown, *Der moderne Garten – Gartengeschichte des 20. Jahrhunderts,* Verlag Eugen Ulmer, Stuttgart 2002; *Das Gartenbuch,* Phaidon Verlag, Berlin 2002; Udo Weilacher, *Landschaftsarchitekturführer Schweiz,* Birkhäuser Verlag, Basel/Boston/Berlin 2002; Penelope Hobhouse, *Der Garten – eine Kulturgeschichte,* Dorling Kindersley Verlag, Starnberg 2003; Gabriele Uerscheln, Michaela Kalusok, *Kleines Wörterbuch der europäischen Gartenkunst,* Reclam, Stuttgart 2003; Penelope Hill, *Contemporary History of Garden Design,* Birkhäuser Verlag, Basel/Boston/Berlin 2004; Nicholas Alfrey, Stephen Daniels, Martin Postle, *Art of the Garden – The Garden in British Art, 1800 to the Present Day,* Tate Britain/Tate Publishing, London 2004; Nadine Olonetzky, Jacqueline Schärli, *du – Zeitschrift für Kultur,* Nr. 758 – *In den Gärten. Jäten im Paradies,* Verlag Niggli, Sulgen 2005; Robert Harrison, *Gärten – Ein Versuch über das Wesen der Menschen,* Carl Hanser Verlag, München 2010; Vereinigung Schweizerischer Stadtgärtnereien und Gartenbauämter (Hrsg.), *Wert und Nutzen von Grünräumen – Literaturstudie,* VSSG, Kilchberg 2010; Nina Gerlach, *Gartenkunst im Spielfilm,* Wilhelm Fink Verlag, Paderborn 2012; Yoko Kawaguchi, *Japanische Zen-Gärten – Wege zur Kontemplation,* DVA, München 2014; Albert Lutz, *Gärten der Welt,* Museum Rietberg Zürich, Wienand Verlag, Köln 2016; Köbi Gantenbein, Raimund Rodewald, *Arkadien – Landschaften poetisch gestalten,* Edition Hochparterre, Zürich 2016; Marion Löhndorf, «Hinter jedem Garten liegt das Paradies», in: *Neue Zürcher Zeitung,* 8. September 2016; Annemarie Bucher, Claudia Moll, Johannes Stoffler, «Querbeet – Entdeckungen und Lehrreiches aus der Gartenwelt», *Topiari helvetica 2017* – Zeitschrift der SGGK; *Hanbury Botanischer Garten,* Broschüre der Universität Genua; *Der Weg der Alpen in die Gärten und Landschaften Europas* – Eine Ausstellung des Verbands Schweizerischer Gärtnermeister (VSG), www.gtla.hsr.ch/fileadmin/user_upload/gtla.hsr.ch/ASLA/Ausstellung_Der_Weg_der_Alpen.pdf; William Blake, http://www.gedichte.vu/?the_garden_of_love.html.

BILDNACHWEIS

akg-images: S. 16/17, 22, 27, 32, 41, 50, 54, 81, 124
Erich Lessing / akg-images: S. 34
Hilbich / akg-images: S. 103
Jost Schilgen / akg-images: S. 77
Pirozzi / akg-images: S. 38
Rabatti-Domingie / akg-images: S. 75
Sotheby's / akg-images: S. 98
Bildarchiv Florian Monheim / akg-images: S. 66, 87, 132
British Library / akg-images: S. 52
The Bridgeman Art Library: S. 78, 142
Biblioteca Estense, Modena / The Bridgeman Art Library: S. 73
The Stapleton Collection / The Bridgeman Art Library: S. 36, 82, 122
Yale Center for British Art, Paul Mellon Collection, USA / The Bridgeman Art Library: S. 59
Victoria & Albert Museum London / The Bridgeman Art Library: S. 42, 58
Nick Meers / National Trust Picture Library: S. 96
Andrew Butler / National Trust Picture Library: S. 91
David Sellman / National Trust Picture Library: S. 153
G. Simeone / Bildagentur Huber: S. 47
Alessandro Della Bella / Keystone: S. 107
Boris Roessler / Keystone: S. 183
Achim Bednorz: S. 56
Benediktiner-Kollegium Sarnen: 70/71
Anne Bürgisser: S. 167
Michael Busslinger: S. 4/5, 8/9, 25, 64, 110/111, 134, 136, 191, 210/211
Frank Lorin Ellenberger: S. 10
Nicolas Faure: S. 177
Jeffery Howe: S. 151
Alain Nicolas Lavanchy: S. 154, 162, 168, 174, 175
Rémy Markowitsch / Courtesy Galerie Eigen+Art, Berlin: S. 84
Nadine Olonetzky: U1/U4, S. 1, 2/3, 6/7, 37, 61, 63, 68, 69, 89, 92, 100, 109, 112/113, 114/115, 116/117, 118/119, 126, 127, 128, 131, 139, 141, 144, 156, 172, 180, 184, 186, 194, 208/209, 212/213, 214/215, 216
Nicolas Olonetzky: S. 105, 148
Katja Schenker: S. 189
Martha Schwartz Inc.: S. 165
Schweizerische Stiftung für Landschaftsarchitektur SLA, Rapperswil: S. 159
Stiftsbibliothek St. Gallen: S. 44
St. Catherines College: S. 161
Gian Vaitl: S. 197
Udo und Rita Weilacher: S. 170, 178, 179

Garten des 1895 errichteten Shinto-Schreins Heian-jingū, Kioto, Japan, und *Topiari* im *Viktorianischen Garten* von Levens Hall, Kendal, Cumbria, England

Tiere und geometrische Figuren: *Topiari* im *Jardim Botânico da Madeira,* Funchal, Portugal | 1885: MIXED BORDERS, IMPORT IV UND SCHWIMMENDER GARTEN II

–

Die Galeria True Rouge im Skulpturenpark *Centro de Arte Contemporânea Inhotim,* Brasilien | 2006: SKULPTURENPARK V

Im Garten der Villa Pastori, Ameno, Italien

Im *Parc de la Villette,* Paris, Frankreich | 1986: POSTMODERNE IN FRANKREICH

Beet mit perennierenden, nach Farbe und Form ausgewählten Stauden. Privatgarten, England | 1885: MIXED BORDERS, IMPORT IV UND SCHWIMMENDER GARTEN II

–

Moosboden im Garten um den zen-buddhistischen Tempel Nanzen-ji, Kioto, Japan | 1859: KULTURTRANSFER VI – CHINOISERIE UND JAPONERIE

Seerosenteich im Ueno-Park, Tokio, Japan | 1848: VOLKSPARK V

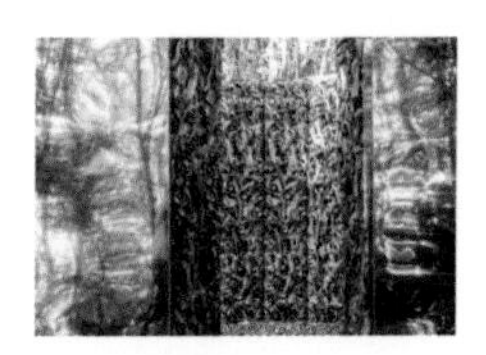

Vor dem Eingang zum *Vegetation Room Inhotim* (2010–2012), einer labyrinthartigen Skulptur der spanischen Künstlerin Cristina Iglesias, *Centro de Arte Contemporânea Inhotim*, Brasilien | 2006: SKULPTURENPARK V

Der *Jardín de cactus* des Künstlers César Manrique, Guatiza, Lanzarote, Spanien | 1990: KAKTEENGARTEN

Teich im Garten des 1895 errichteten Shinto-Schreins Heian-jingū, Kioto, Japan | 1859: KULTURTRANSFER VI – CHINOISERIE UND JAPONERIE

Privater Topfgarten auf einer Straßenkreuzung, Rio de Janeiro, Brasilien

—

Privater Garten auf der Insel Teshima, Japan

Atelier und Wohnhaus der Künstler Mauricio Dias und Walter Riedweg, Santa Teresa, Rio de Janeiro, Brasilien

Jardim Botânico da Madeira mit Aussicht auf Funchal und Atlantik, Madeira, Portugal | 1885: MIXED BORDERS, IMPORT IV UND SCHWIMMENDER GARTEN II

Kleines Gewächshaus mit Sukkulenten, Privatgarten, England | 1876: GEWÄCHSHAUS II

Im Garten der Villa Pastori, Ameno, Italien

INDEX NAMEN

INDEX ORTE

IMPRESSUM

Dieses Buch basiert zum einen auf dem Text «Sensationen der europäischen Gartengeschichte – Eine chronologische Stichwortsammlung», der 2005 in der Kulturzeitschrift *du* Nr. 758 – *In den Gärten. Jäten im Paradies* – publiziert wurde. Zum anderen ist es die vollständig überarbeitete und umfassend erweiterte Neuausgabe des 2006 im Birkhäuser Verlag erschienenen Buchs *Sensationen – Eine Zeitreise durch die Gartengeschichte.*

Nadine Olonetzky, 1962 in Zürich geboren, schreibt zu Themen aus Fotografie, Kunst und Kulturgeschichte und ist Autorin sowie Herausgeberin mehrerer Bücher. Sie ist Mitglied von Kontrast (www.kontrast.ch), Projektleiterin/Lektorin im Verlag Scheidegger & Spiess und lebt in Zürich.

Bildredaktion: Nadine Olonetzky
Lektorat: Annette Gref, Regula Walser
Projektkoordination: Katharina Kulke
Herstellung: Heike Strempel
Konzept und Gestaltung: Muriel Comby
Papier: Fly 06, 130 g/m²
Druck: Kösel GmbH & Co. KG,
Altusried-Krugzell

Library of Congress Cataloging-in-Publication data A CIP catalog record for this book has been applied for at the Library of Congress.

Bibliografische Information der Deutschen Nationalbibliothek
Die Deutsche Nationalbibliothek verzeichnet diese Publikation in der Deutschen Nationalbibliografie; detaillierte bibliografische Daten sind im Internet über http://dnb.dnb.de abrufbar.

Dieses Buch ist auch in englischer Sprache erschienen (ISBN 978-3-0356-1384-1).

Postfach 44, 4009 Basel, Schweiz
Ein Unternehmen der Walter de Gruyter GmbH, Berlin/Boston

Gedruckt auf säurefreiem Papier, hergestellt aus chlorfrei gebleichtem Zellstoff. TCF ∞
Printed in Germany

ISBN 978-3-0356-1383-4

9 8 7 6 5 4 3 2 1
www.birkhauser.com